JN076291

「書くこと」の授業をつくる

中・高・大で教える『はじめよう、ロジカル・ライティング』

名古屋大学教育学部附属中学校・高等学校国語科
＋千葉軒士　著

ひつじ書房

目　次

第3章　大学での実践

序章

『はじめよう、ロジカル・ライティング』（LW）とはどのような書物か？

佐光美穂

『はじめよう、ロジカル・ライティング』
名古屋大学教育学部附属中学校・高等学校国語科著
執筆協力・戸田山和久
2014 年刊行
ひつじ書房

　『はじめよう、ロジカル・ライティング』（以下 LW と略記します）は、初学者が、比較的短く、シンプルな形式の論理的な文章を一通り書けるようにするためのテキストです。まずは、首尾一貫した「意見文」を書けることを目指す本だと言ってもよいかと思います。

　本書は、LW を講義・授業の中で使ってみたいとお考えの皆さまに対する本です。LW をどうやって使って授業をしたらいいのかとお考えの方に、私たちの実践をご紹介します。それを通じてご自身の授業のイメージを明確にしたり、何らかのヒントをお示ししたりすることができれば、と考えて本書をお届けすることにしました。いわば、「はじめよう、『はじめよう、ロジカル・ライティング』の指導」ということです。

　さて、その「私たち」とは、誰なのでしょうか。一言で言えば、現在 LW を使って授業や講義をしている名古屋近郊の中学校・高等学校・大学の教員有志です。LW の著者である名古屋大学教育学部附属中学校・高等学校の教員に加え、複数年度継続して同書を採択している学校を探し、実践紹介を依頼したところ、中部大学が応じてくださいました。こうして、中学・高校・大学での指導実践例をお示しすることができることとなりました。

　本章は 4 つの節から構成されます。第 1 節では LW の教材開発をした経緯についてご説明します。誰をターゲットに、どのような力を付けさせたいかをお示しすることで、教材としての性質をお伝えできるのではないかと考えるからなのですが、お時間のない方は飛ばして次の節へお進みいただいても結構です。第 2 節で、同書の手薄な部分がどこかを、筆者が把握している限りお伝えするつもりです。第 3 節で、中学では 2021 年から全面実施、高校では 2022 年から年次進行で実施される新しい学習指導要領と、どの部分が整合していて、どの部分がしていないのかをお伝えします。中等教育に関わらない読者の皆様は、ここも飛ばしていただいても構いません。そして最後の第 4 節で、本書の構成をご説明します。

4

1 LWができるまで

　LW の教材開発は 2008 年に始まります。当時、名大附属学校は文部科学省のスーパー・サイエンス・ハイスクール事業の指定を受けて 3 年目でした。国語科は、論理的思考力、表現力の育成を課題として開発に当たりました。繰り返しますが、基本コンセプトは、「初学者が、比較的短く、シンプルな形式の論理的な文章を一通り書けるようにするためのテキスト」でした（ただし、第三部に「提案」を含んでいるように、ロジカル・ライティングから広義のクリエイティブ・シンキングへ向かう道筋をつけています）。

　「初学者」とは、本来は校種や学年で区切り、この範囲の人、と指定されるものではありません。大学生でもロジカル・ライティングを初めて学ぶという人は、現状では少なくないでしょう。ただ、LW の著者たちは中高一貫校の教員であったため、中学生の国語の授業で使用できるように作ることを目指しました。LW の記述や課題は、高校以上の学校でお使いになるにはいささか素朴だとお感じになることでしょうが、それはそういう事情です。ただし、題材が素朴なだけに、身につけるべき考え方や技術が何かがダイレクトに伝えられるのではないか、とも考えています。題材をご自身の指導なさる学習者のレベルに合うものに差し替えてご利用いただけると幸いです。

　プロジェクトを立ち上げるに際し、一番の課題と考えていたのは、どうやったら論理性が身についたり、磨かれたりするのかということでした。そこで、筆者は当時発行されていた小学校の教科書で、意見文を書くことがどのように教材化されているのか調査しました。どの教科書にも「理由を挙げること」の必要性や、理由の大切さは触れられているのに、どのような理由が望ましいのか、どうやって主張に結びつけるか、どのような考え方をすべきかなどの内容面のことは、踏み込んだ記述はあまり見られませんでした。勿論、述べようとする意見の内容や、伝える相手により、どのような理由が望ましいのかは変わってきます。そのため、一概に方法論を立てることができないのは当然です。そういう教材開発上の困難さを理解していても、しかし、論理的思考力・表現力を高めるための教材は必要ではないか、と考えて

いたのです。

　導きの糸となったのは、"哲学系クリティカル・シンキング" の本でした。後に同書の全文にわたり内容面でのご助言をいただくことになる戸田山和久先生の『論文の教室[1]』や、野矢茂樹先生の『論理トレーニング[2]』をはじめとする、論証のしかたを指南する本です。

　当初はかなり論理学寄りの内容で構想していました。LW は 2014 年に書籍化する前に、ほとんどの内容を筆者が担当した中 1、中 2 のクラスで実施し、生徒の反応を見て修正を重ねて現在の形に至っています。当初は論理式や論証図による整理、帰納法と演繹法などの内容も盛り込みたくて教材化し、授業で扱ってもみました。しかし、これらは、少なくとも筆者の力では生徒に概念を理解させるだけでも大変な内容でした。それらを、文章を書くことにつなげられるほど習熟させる指導がしきれないと判断せざるを得ませんでした。学ぶ意義のある内容だと思いますが、学習者が文章を書くことの方に集中できる、単純なツールが必要だと感じました。

　そこで著者一同で考え、戸田山先生のご助言を容れて案出したのが、「話題・主張・理由＋説明」のフレームであり、意見文の心臓部でもある理由の適切性を高めるための「つながり根拠、なかみの根拠」という考え方でした。その内容を簡単にここで振り返っておきます。説明の文言は、LW の本文とあえて変えているものもありますが、趣旨は同じです。

◆意見文の要素としての「話題・主張・理由＋説明」

・「話題」…その文章での中心的な問い
　　例：大学入学共通テストは何月ごろ実施するのがよいか

・「主張」…「話題」に対する答え
　　例：12 月上旬に行うのがよい

・「理由」…なぜ「主張」が言えるかの核心部分
　　例：大雪やインフルエンザの大流行の影響がまだ出にくい時期だから
　　　　秋などの早い時期だと浪人生やカリキュラムの前倒しができる中
　　　　高一貫校の生徒などの有利な受験生との差が出るから

> ・「説明」…「話題」、「主張」、「理由」それぞれの内容を補足するもの

　「話題」、「主張」、「理由」は基本的には一文で表せるものというイメージです（ただし、「理由」は複数の内容が組み合わされることもあります）。パラグラフ・ライティングのトピック・センテンスになり得る内容ということもできるでしょう。これに対し、「説明」は「話題」、「主張」、「理由」それぞれを補足するもので、必ずしも一文とは限りません。パラグラフ・ライティングでいえば、サポート・センテンスで扱われるような内容です。一般的に論証を学ばせる場合、LWでいう「話題」、つまり問いを示さず、「主張」と「理由」だけを扱うことが一般的です。LWでは、問いの立て方をトレーニングしたいという意図から、これを前面に押し出すことにしました。

　不整合ではないかとご指摘を受けたことがあるところですが、各要素（中心的な内容）と説明を合わせてその要素と呼ぶこともあります。例えば、「話題」を示す一文だけではわかりづらい時、「説明」をつけるのですが、その「話題＋説明」となったものを「話題」と呼ぶということです。この点をLW本編で明示的に説明しておらず、わかりづらいところだったと反省しています。

◆理由の内容としての三種の根拠──メインの根拠・なかみの根拠・つながり根拠
・メインの根拠…「話題」と「主張」をつなぐ事実
・サポート根拠①つながり根拠…メインの根拠と「主張」がつながることを示す事実
・サポート根拠②なかみの根拠…メインの根拠が正しい内容であることを示す事実

　LWでの「根拠」は、客観的に確認できる事実の中から「主張」との関係に照らして選び出した内容のことを指します。事実に基づいて意見を述べることを学ばせたいと考えたため、このように規定しました。とはいえ、実際

には仮定に基づいて議論することも多々ありますし、あまり厳しく「事実」であることを求めると書けなくなってしまうこともあるので、この点について指導される方のご判断で緩やかに扱っていただいてもよいでしょう。

　「理由」と三種の根拠の関係について説明します。申し訳ないのですが、すっきりしない説明になります。「理由」はメインの根拠から導かれたものです。場合によってはメインの根拠を示せばそのまま「理由」になってしまうこともあるでしょう。逆に、込み入った内容だと、一文で示す「理由」で述べきれない場合もあるかもしれません。つながり根拠となかみの根拠は、メインの根拠の正当性を保証するものです。意見を伝える相手がその根拠についての認識を共有していれば、必ずしも明示する必要はありません。

根拠が「理由」の中核となる文に含みこまれる例

話題	今日は傘を持っていくべきか。
主張	今日は傘を持っていくべきだ。
理由	今朝の天気予報で、午後の雨の確率が 80%だと言っていたから。

根拠が「理由」の中核文にはなく、「理由」に付属する「説明」となる例

話題	2022 年以降は成人式を 18 歳の年に行うべきか。
主張	これまで通り 20 歳の年に行うのがよい。
理由 1	民法に規定される成年年齢が唯一の成年の基準と考える必要はないから。
理由 2	成人式は法令で規定されているものではないから。
説明 1	2022 年の民法改正以降も、未成年者喫煙禁止法、未成年者飲酒禁止法、競馬法、自転車競技法などで 20 歳未満の若者は引き続き保護の対象となり、未成年者と同等の扱いが継続される[3]（なかみの根拠）ように、法令の中でも実質的な成年の基準は複数あるといえる。
説明 2	成人式の設定は主催者の判断に任されている[4]（つながり根拠）。20 歳で行う成人式は 60 年以上続いており、社会にも定着している。

18歳に変えることで混乱が予想される。

2 LW が扱わなかったこと

　LW には、不十分なところが多々あります。執筆者が無自覚な点もあることでしょうが、重要性を認識していながら扱わなかったこと、扱いきれなかったこともあります。ここでは扱わなかったこととして、はっきり認識していることをお示しします。これらの点については、LW で直接的にご指導いただくことはできません。私たちも、指導学年や学習の段階に応じ、これらの内容を補足して授業をすることもあります。他日、よい教材として練り上げることができたらと考えております。

（１）論証に関する内容
①論理的推論の種別（帰納、演繹、仮説形成など）
②論証図（単純な論証、合流論証、連結論証）
③トゥールミン・モデル

　①と②については、前節の内容と少し重複します。LW では意見文を書くことを当面の目標として設定しました。価値判断を含む意見文の性質上、演繹的な発想を用いることは少ないと考えられます。また、文章を書く時に、帰納か、仮説形成かと、推論の型を先に決めて書くのも、しにくいことではないかと思います。そのため、さしあたって推論の型そのものを学習内容として盛り込むことは見送りました。そうすると論証図を正確に書く学習も難しくなります。

　ただ、論証の発想は、LW「第四章　「理由」を書く」で、理由を自己チェックする観点を作る上で意識しています。チェックポイントに、「特殊な例や場合を「根拠」としていないか」や、「その「理由」は必ずその「主張」に結びつくか」という項目があります。これらを扱う際、帰納や演繹にふれて説明するのは効果的です。特殊な場合や例を「根拠」とすれば、正しく帰納することはできません。また、「主張」と「理由」の結びつきは、その強さ

に応じてグラデーションを成しますが、演繹で導出された例は、最も強い結びつきの例として挙げられます。ただし、高校で演繹や帰納を扱う場合、数学での学習内容(特に数学的帰納法)と干渉を起こさないような説明の留意が求められます。

　③のトゥールミン・モデルについて、6つの要素(根拠 = Data、主張 = Claim、論拠 = Warrant、限定語 = Qualifier、裏付け = Back up、反駁 = Rebuttal[5])を組み合わせて論証するフルモデルは精密な議論ができますが、扱いづらいということも知られている通りです。だからこそ、これをそのまま LW に導入することをしませんでした。なお、LW で用いている「話題・主張・理由」の枠組みは、トゥールミン・モデルの簡略版とされる「三角ロジック」(事実・主張・理由付け[6])とも少し違っています。LW が「話題」を要素として取り上げたのは、前節で述べたとおり、文章を書く上で、問いを立て、それに答えることを軸とすべきだと考えたためです。三角ロジックでは、論理的構造を組み立てるためのもので、主題と主張を、表現として照応しているかを必ずしも問う必要がないので、「話題」を立てなくても問題はないのでしょう。

　三角ロジックの要素と、LWの要素を比較すると、次の表のようになります。

LW の意見文に必要な要素			三角ロジックの要素	
話題	その文章での中心的な問い			
主張	「話題」に対する答え		主張 (Claim)	＊説明なし
理由	なぜ「主張」が言えるかの核心部分	メインの根拠	根拠 (Evidence)	証拠資料のこと。客観的な事実、データ
		なかみの根拠		
		つながり根拠	理由づけ (Reasoning)	それがなぜ主張を支えることになるのか、どうしてその証拠資料からその主張ができるのかを説明するもの

「理由」の部分が、三角ロジックでは細分化されていることがわかります。しかし、実際には共通する部分も多くあります。「メインの根拠」は事実に基づくことを求めていますので、三角ロジックの「根拠」に相当します。同様に「つながり根拠」は内容として三角ロジックの「理由づけ」に相当することになります。LW の提示するモデルも、理由付けのための実用的な考え方（内容が正しいか、主張に結びつくか）は押さえていると言えます。

（２）文章法に関する内容
④パラグラフ・ライティング
⑤接続語・接続表現の使い分け方の詳細

　④パラグラフ・ライティングに対応する内容を LW は備えていません。LW 刊行後、同書が段落意識をあまり育てていないのではないかというご批判をいただいたことがあります。たしかに、段落構成については、「意見文構成シート」の使い方を説明したページ（p.208）で示したのみですので、批判も甘受しなければならないところです。ちなみに、そのページでは、所謂双括型の構成を推奨しました。具体的には以下のような構成です。表にまとめ直し、少し説明を加えながら再掲します。

段落	内容
第一段落	「話題」と「主張」（とそれぞれに付帯する「説明」）
第二段落	「理由」（複数の内容がある場合は、段落を分けることもありうる）
第三段落	「予想される反論」（を通して自説の正当性を訴える）
第四段落	「話題」と「主張」を、キーワードなどを加えて言い換える （主張が成立する条件などを加え、詳しくする）

　この段落構成は、一般的に見られる（推奨される）構成に、LW で必要だとした要素を配置したものであるとお気づきいただけるのではないでしょうか。

　LW でパラグラフ・ライティングを導入しなかった理由は二つあります。一つは LW の各要素のまとまりとの整合性がうまくとれなかったからです。

パラグラフ・ライティングは、一段落に一トピックを当てて構成し、その段落を重要な順に並べていきますが、例えば冒頭の段落に置くべき「話題」と「主張」が切り離されてしまうようなことも出て来そうです。二つ目は、筆者たちが中高の国語の授業で書かせる文章のボリュームに関わることで、本質的な問題から外れます。授業内で書かせる文章は、多くても1200字程度でしょうか。日常的に文章を書かせようとすれば、もっと短く指定する可能性もあります。短い文章だと、パラグラフ・ライティングの有効性を実感させることが難しいです。その意味で、何としても導入したいとまで考えられませんでした。

　しかし、長い文章を書く上ではパラグラフ・ライティングも必要になります。高校生でも、課題研究でまとまった分量の文章を書く機会があります。大学生なら、なおのことでしょう。筆者も、課題研究を指導する際には、別途パラグラフ・ライティングの指導を行っています。パラグラフ・ライティングの効果的な指導法を含め、今後考えていきたいところです。

　⑤の接続語に関する事項は、LW「第一章　「関係」を考える」の第6節（pp.24–28）で、代表的な表現とその機能に絞って扱っています。刊行後、実際の文章表現には足りないというご指摘をいただいたことがありますが、同書で重視したのは、基本的な接続表現を適切に使うことです。筆者の経験ですが、生徒が書いた文章には「そして」「また」「しかし」の三つが多用される傾向が（残念ながら現在も！）あります。この原因について、二つの見方が成り立つと思います。一つは書き手の接続表現のバリエーションが少ないから、そしてもう一つは、書き手がそれらの語の多義性をあまり理解していないからというものです。前者であれば、添削の際、指導者が他の表現のオプションを示したり、調べさせたりする方法で対応できるでしょう。あるいは中学・高校なら、読解の教材を通して指導する手もありそうです。一方、これらの語の多義性については、多義性があるからこそ濫用できてしまうことも含め、一度は意識的に学ぶ必要があると考えます。なお、限られた基本的な接続表現を適切に使うことは、パラグラフ・ライティングの観点からも重要です。

（3）リサーチ・リテラシーに関わる内容

　LW 第三部のテーマは、リサーチ・リテラシーです。意見文を提案型の文章として発展させていくために、自ら情報を集めてまとめたり、既存の情報を利用したりする方法について説明し、練習できるようにしてあります。しかし、本書の内容は、中学生が使うことを念頭に置いて作られているため、高校生以上の学習者には易しめの内容かもしれません。LW を使ってくださっている学校が、高校・大学が多いことを踏まえると、第三部を、データを扱う領域の専門家の助けを借りて、大幅にリニューアルしたいところですが……。

3　平成 29・30 年告示学習指導要領との対応／不対応の関係

　2017(H29)、2018(H30)年に改訂された中学・高校の指導要領では、これまで以上に論理的表現力の育成が打ち出されました。中学・高校を通し、国語科の学習の「内容」として「情報の扱い方に関する事項」が新設され、高校では「論理国語」という新科目が設定されたことにそれが看取できます。2014 年に刊行された LW は、もちろんこの指導要領と直接的な関係はありません。今回の改訂が大きなものであったため、どのような授業をしたらよいかとお考えの中学・高校の先生方もいらっしゃることかと思います。そこで LW の新指導要領と対応している部分と、そうでない部分を整理してみます。その上で、新課程の授業のイメージを作るために本書をご活用いただければ幸いです。

（1）中学校学習指導要領

　指導要領では、論理的思考力や表現力を育てる学習内容が「話すこと・聞くこと」、「読むこと」にも配置され、それぞれを関連させながら指導するよう述べています。しかし、ここでは特にライティング指導に関わる内容として、情報の扱い方に関する事項と、書くことの指導事項を取り上げて確認し

ていきます。以下に資料として指導要領の内容を表の形で引用します。それ
に続けて強調した部分を中心に LW との関係に言及します。

資料1　〔知識及び技能〕より、情報の扱い方に関する事項（中学校）

	第1学年	第2学年	第3学年
情報と情報との関係	原因と結果、**意見**と**根拠**など情報と情報との関係について理解すること。	**意見**と**根拠**、具体と抽象など情報と情報との関係を理解すること。	具体と抽象など情報と情報との関係について理解を深めること。
情報の整理	**比較**や**分類**、関係づけなどの情報の整理の仕方、**引用の仕方や出典の示し方**について理解を深め、それらを使うこと。	情報と情報との関係の様々な表し方を理解し使うこと。	情報の信頼性の確かめ方を理解し使うこと。

＊強調は引用者によります。以下も同様です。

①意見と根拠の関係

　『中学校学習指導要領（平成29年告示）解説国語編[7]』（以下、中学解説と略
記します）を見ると、「意見」については定義がありません。一方「根拠」は
「考えや言動の拠り所となるもの」と規定されています。ここでは、他者の
意見を理解したり、自分の意見を述べたりするには、「意見を支える根拠が
重要」とされています。

　LW では「理由」の中核をなす内容であり、「話題」と「主張」をつなぐ
事実が「根拠」という位置づけです。幾分規定が異なっていますが、意見を
伝えあうには理由を述べることが大切だという認識は LW も共有しており、
指導上それほど支障がないと考えられます。

②比較や分類、関係づけなどの情報の整理の仕方

　比較と分類については、LW「第五章　「説明」を書く」、第4節に扱って

14

います。内容については指導要領と大きな相違はないと思われます。一方、指導要領にある「関係づけ」はLWに対応する内容はありません。中学解説はこれを「比較や分類以外の情報の整理の仕方」とし、具体的には複雑な事柄などを分解してとらえることや、多様な内容、要素をまとめること、類似点を基に他のことを類推すること、きまりを設け順序化・系統化することを挙げています。この内容に関して、LWでは扱っていません。

③引用の仕方や出典の示し方

LW「第四部へのブリッジ」で扱っている内容です。LWでは、引用は、著者の労苦に敬意を払いつつも、公平にその著作物と議論するために、マナーを守りつつ行うべきだという立場を取っています。

ついでながら、筆者の指導した経験を申し添えます。引用や出典表記については、中学生でも必要性や方法は早い段階で認識しているように思います。しかし、適切に引用し、出典表記を書くことは、繰り返し指導しないと定着しないのではないかと感じています。形式的な指導ではなく、引用の効果やその適切性まで問う指導をしていくとなると、大変な労力がかかることになるため、授業方法には工夫を要します。

資料2　〔思考力、判断力、表現力〕より、書くことの指導事項（中学校）

	第1学年	第2学年	第3学年
題材の設定、情報の収集、内容の検討	目的や意図に応じて、日常生活の中から題材を決め、集めた材料を整理し、伝えたいことを明確にすること。	目的や意図に応じて、社会生活の中から題材を決め、多様な方法で集めた材料を整理し、伝えたいことを明確にすること。	目的や意図に応じて、社会生活の中から題材を決め、**集めた材料の客観性や信頼性を確認**し、伝えたいことを明確にすること。

構成の検討	書く内容の中心が明確になるように、段落の役割などを意識して文章の構成や展開を考えること。	伝えたいことが分かりやすく伝わるように、段落相互の関係などを明確にし、文章の構成や展開を工夫すること。	文章の種類を選択し、多様な読み手を説得できるように論理の展開などを考えて、文章の構成を工夫すること。
考えの形成、記述	根拠を明確にしながら、自分の考えが伝わる文章になるように工夫すること。	**根拠の適切さを考えて説明や具体例を加え**たり、表現の効果を考えて描写したりするなど、自分の考えが伝わる文章になるように工夫すること。	表現の仕方を考えたり**資料を適切に引用**したりするなど、自分の考えが分かりやすく伝わる文章になるように工夫すること。
推敲	読み手の立場に立って、表記や語句の用法、叙述の仕方などを確かめて、文章を整えること。	読み手の立場に立って、表現の効果などを確かめて、文章を整えること。	目的や意図に応じた表現になっているかなどを確かめて、文章全体を整えること。
共有	**根拠の明確さ**などについて、読み手からの助言などを踏まえ、自分の文章のよい点や改善点を見いだすこと。	表現の工夫効果などについて、読み手からの助言などを踏まえ、自分の文章のよい点や改善点を見いだすこと。	論理の展開などについて、読み手からの助言などを踏まえ、自分の文章のよい点や改善点を見いだすこと。

④「題材の設定、情報の収集、内容の検討」の項目

　LW は、何もない状態からいきなり意見文を書くというより、考え方や進め方を説明しつつ、それぞれのステップで定着を確認する課題に取り組みながら進む構成を取っています。第二部の最後まで進んで、ようやく一通り自

分で意見文を書くことになります。題材設定の最初の段階から学習者に委ねるタイプの問題はありません。その直前段階にあたるのが第四部の課題14–16（pp.206–207）です。ここで与えられたキーワードから、自分の関心に応じ「話題」を立て、文章を書く練習をすることができます。ここで取材の方法や、情報の整理の仕方をご指導いただけるとよいでしょう。さらに、このレベルをクリアした学習者には、題材もフリーにした課題に取り組んでもらうとよいのではないでしょうか。

　資料の集め方については、一般的な方法に関して、各社が現在刊行している中学校向けの国語の教科書に既に優れた内容のものがあります。おそらく新指導要領対応の教科書でもこの分野は引き継がれることでしょう。既存の教科書で十分な指導ができると判断されるため、LW ではこの内容を取り上げることはしませんでした。中等教育機関ではない学校でのご指導には、何らかの別の教材との併用が必要でしょう。

　第 3 学年の欄にある「集めた材料の客観性や信頼性を確認」する方法については、「第八章　要約から吟味、提案へ」の、「3　「吟味」をしてみよう」（pp.150–154）、「第九章　データを使って立論する」の「5　他の人が作ったデータを使って立論するには」（pp.171–177）に関連する内容があります。前者は文字テキストに対する批判的検討の手順を示しています。後者はデータの取り方や加工の仕方などを、自分の知りたいことに照らして適切か確認するよう説いています。

⑤「構成の検討」の項目

　段落構成について LW が踏み込んだ記述をしていないことについては、本節の（2）の「④パラグラフ・ライティング」の項で指摘したとおりです。LW ではまず、双括型で、話題とともに主張（結論）を前に出す書き方を最初に身につけるべき型として指導しています。内容に応じた効果的な構成を考えさせることは大切ですが、学習者個々の文章に応じて行われるべきことですので、具体的な記述をしていません。

⑥「考えの形成、記述」の項目

　第2学年にある「根拠の適切さ」については、LW「第四章　「理由」を書く」「2　「理由」には何を書くの？──「理由」のなかみ」(pp.73–79)、「3　「理由」を書く手順」(pp.79–87)、「第六章　意見文をチェックする」「4　「理由」を点検する」(pp.121–123) に関連する内容があります。LW では第四章と第六章で繰り返し、この指導項目に注意を払っています。大雑把に言って、事実に基づいて主張すること、基づいた事実は「主張」とのつながりがはっきりしているか、内容は正しいかを確認することがポイントでした。この部分の指導は、教室での「対話的な学び」が効果を発揮するところでもあります。指導要領に「共有」の項が設けられているように、ぜひ協働学習の場面を作り、学習者相互で多様な理由付けのしかたを知る機会を設けるとよいと思われます。

（2）高等学校学習指導要領

　高校の新指導要領で国語科に六つの科目が設けられましたが、これまでと全面的に科目構成が変わることで大きな話題を呼びました。本章では、ロジカル・ライティングに関連が深い「現代の国語」（高1対象）、「論理国語」（高2、3年対象）の二つを取り上げます。項目については中学同様、「情報の扱い方に関する事項」と、「書くことの指導事項」に絞って見ていきます。

資料3〔知識および技能〕より、情報の扱い方に関する事項（高校）

	現代の国語	論理国語
情報と情報との関係	ア　**主張**と論拠など情報と情報との関係について理解すること。 イ　個別の情報と一般化された情報との関係について理解すること。	ア　**主張**とその**前提**や**反証**など情報と情報との関係について理解を深めること。

情報の整理	ウ 推論の仕方を理解し使うこと。 エ 情報の妥当性や信頼性の吟味の仕方について理解を深め使うこと。 **オ 引用の仕方や出典の示し方、それらの必要性について理解を深め使うこと。**	イ 情報を重要度や抽象度などによって階層化して整理する方法について理解を深め使うこと。 ウ 推論の仕方について理解を深め使うこと。

①推論に関わる指導（主張と論拠、主張とその前提、反証）

　資料3の表に、推論の方法を指導することがはっきり書かれています。これに関して、帰納、演繹、仮説形成などの推論の諸方法を、LW では明示的には指導内容として取り上げていないことと、その事情については前節でご説明したとおりです。

　ここでは、LW でも使っている用語との意味の異同や、LW では別の用語で類似の概念を扱っている部分について指摘します。今後、新指導要領に規定された用語で(あるいは幾分アレンジした形で)教科書が編集されることでしょう。本書と違っている点について、ご留意いただけますと幸いです。

　「主張」は、『高等学校学習指導要領解説国語編[8]』(以下、高校解説)によると、「相手を説得したり納得させたりすることをねらって自分の意見を述べたものであり、問いと結論を合わせたもの」と規定されています。これは、LW でいう、「話題」と「主張」を合わせたものだと理解できます。LW が「話題」と「主張」を分けて指導するのは、先述の通り、問題設定が多くの学習者にとって困難で、ここをトレーニングする必要があると感じるからです。また、「話題」と「主張」が対応していないという文章上の破綻を、構想メモの段階で発見できるメリットもあります。ただし、高校解説のように両者を一体に扱う考え方にも一理あります。文章表現にまとめていくとき、段落構成ではシンプルな説明ができるからです。LW の方式では「冒頭に「話題」と「主張」を書きなさい、と言わなければならないところを、

「主張」を冒頭に書きなさい、と言えばそれだけで済みます。

　指導要領は「主張とその前提」を考え、「隠された前提（言及されない前提）」に気づく力を身につけさせることを求めています。これは LW「第四章　「理由」を書く」「（3）　相手によって必要な「根拠」は変わる――「暗黙の前提」」(pp.76–79) と、章末問題 2(p.90) で扱っています。

　また、「反証」は高校解説によれば「異なる根拠や論拠をあげて、主張とは別の結論を得る筋道」です。これは用語としては LW にはないのですが、LW でも実質的には同様の考え方をするよう、学習者に促しています。それは「理由」をチェックするポイントとして挙げた「その「理由」は必ずその「主張」と結びつくか」「その「主張」は別の「理由」から導かれるものでないか」(p.84) です。指導要領で言う「反証」は、自説への想定される反論を取り込み、それと対照させて自説を展開するという構成を取る場合に必要な考え方です。こういう書き方については「第六章　意見文をチェックする」「5　「反対意見」を予想する」(pp.123–125) で触れています。

　なお、指導要領には「根拠」と並び「論拠」も出て来ます。LW は用語としてこれを採用しませんでしたが、これに相当する考え方は「理由」と「つながり根拠」でしょう。まず、高校解説の「論拠」の規定を見てみましょう。そこには、「主張がなぜ成り立つかを説明するための根拠と理由付けのことであり、根拠のみならず、主張が妥当な理由付けに支えられていることを示すもの」とあります。「主張がなぜ成り立つかを説明する」ものである点で、トゥールミンの言う「warrant」（あるデータがある主張・結論に結びつくのはなぜかを示すもの）と重なりますが、より細かい規定になっています。LW でも、「理由」を考える際には、「メインの根拠」が「主張」に結びつくことを保障する事実、つまり「つながり根拠」を検討するよう説いています。そして「つながり根拠」を明示した上で、メインの根拠と結びつける言葉が必要なら、LW では「理由」に付帯する「説明」として添えます。ともあれ、根拠を証すために更に根拠が求められるという認識は共通しています。

　以上の用語の異同を、表の形でまとめます。

LW での「主張」	「話題(その文章で中心に扱われる問い)」に対する答えとして最も言いたいこと。
高校解説での「主張」	相手を説得したり納得させたりすることをねらって自分の意見を述べたものであり、問いと結論を合わせたもの。

LW での「根拠」	「理由」を支える事実。具体例やデータのこと。
高校解説での「主張を支える適切な根拠」	立てた問いに対する結論を読み手に納得させるための客観的な証拠や経験的な事実。
トゥールミンの「データ[9]」	主張の基礎として訴える事実。何を頼りにそう言うのか。

LW での「つながり根拠」	メインの根拠と「主張」の結びつきを示すもの。
高校解説での「論拠」	主張がなぜ成り立つかを説明するための根拠と理由付けのこと。
トゥールミンの「論拠[9]」	あるデータがある主張・結論に結びつくのはなぜかを示すもの。

　最後に、LW には用語としては採用していないものの、対応する内容が含まれている部分も表で整理しておきます。

高校解説の内容	LW の対応部分
主張とその前提の関係を考える	・第四章　「理由」を書く （3）相手によって必要な「根拠」は変わる──「暗黙の前提」(pp.76–79) ・第四章　章末問題 2(p.90)
反証	・第六章　意見文をチェックする 5　「反対意見」を予想する(pp.123–125)

②引用の仕方や出典の示し方、それらの必要性
　中学校学習指導要領の部分で既にお示ししたとおりです。

資料 4 〔思考力、判断力、表現力〕より、書くことの指導事項　抜粋（高校）

	現代の国語	論理国語	国語表現
題材の設定、情報の収集、内容の検討	ア　目的や意図に応じて、実社会の中から適切な題材を決め、集めた情報の妥当性や信頼性を吟味して、伝えたいことを明確にすること。	ア　実社会や学術的な学習の基礎に関する事柄について、書き手の立場や論点など様々な観点から情報を収集、整理して、目的や意図に応じた適切な題材を決めること。 イ　情報の妥当性や信頼性を吟味しながら、自分の立場や論点を明確にして、主張を支える適切な根拠をそろえること。	ア　目的や意図に応じて、実社会の問題や自分に関する事柄の中から適切な題材を決め、情報の組み合わせなどを工夫して、伝えたいことを明確にすること。
構成の検討	イ　読み手の理解が得られるよう、論理の展開、情報の分量や重要度などを考えて、文章の構成や展開を工夫すること。 ウ　自分の考えや事柄が的確に伝わるよう、根拠の示し方や説明の仕方を考えるとともに、文章の種類や、文体、語句などの表現の仕方を工夫すること。	ウ　立場の異なる読み手を説得するために、批判的に読まれることを想定して、効果的な文章の構成や論理の展開を工夫すること。	イ　読み手の同意が得られるよう、適切な根拠を効果的に用いるとともに、反論などを想定して、論理の展開を考えるなど、文章の構成や展開を工夫すること。 ウ　読み手の共感が得られるよう、適切な具体例を効果的に配置するなど、文章の構成や展開を工夫すること。

考えの形成、記述	ウ 自分の考えや事柄が的確に伝わるよう、根拠の示し方や説明の仕方を考えるとともに、文章の種類や、文体、語句などの表現の仕方を工夫すること。(再掲)	エ 多面的・多角的な視点から自分の考えを見直したり、根拠や論拠の吟味を重ねたりして、主張を明確にすること。 オ 個々の文の表現の仕方や段落の構造を吟味するなど、文章全体の論理の明晰さを確かめ、自分の主張が的確に伝わる文章になるよう工夫すること。	エ 自分の考えを明確にし、根拠となる情報を基に的確に説明するなど、表現の工夫をすること。 オ 自分の思いや考えを明確にし、事象を的確に描写したり説明したりするなど、表現の仕方を工夫すること。
推敲、共有	エ 目的や意図に応じて書かれているかなどを確かめて、文章全体を整えたり、読み手からの助言などを踏まえて、自分の文章の特長や課題を捉え直したりすること。	カ 文章の構成や展開、表現の仕方などについて、自分の主張が的確に伝わるように書かれているかなどを吟味して、文章全体を整えたり、読み手からの助言などを踏まえて、自分の文章の特長や課題を捉え直したりすること。	カ 読み手に対して自分の思いや考えが効果的に伝わるように書かれているかなどを吟味して、文章全体を整えたり、読み手からの助言などを踏まえて、自分の文章の特長や課題を捉え直したりすること。

　「題材の設定、情報の収集、内容の検討」、「構成の検討」に関する内容が、LW には希薄であることは、中学指導要領の部分で述べてきたとおりです。ただし、集めた情報の内容の検討では、LW 第三部、第八章の言説の吟味、第九章のデータの吟味の部分を導入段階でご活用いただけるかもしれません。特に高校指導要領では、情報の信頼性を、情報の内容でも確認することが求められています。情報の外部的な要素の権威性(書き手やメディアなどの権威)で測るだけではいけないということです。言説に「なるほど」「わからない」「おかしい」と三種のフラグを立てて整理したり、何の目的でどの

ように集めたデータかを読み解いたりする作業は、「内容の検討」の具体的なイメージを掴ませることにつながるのではないかと考えています。今思えば、もう少し練習ができるような材料を載せておくのだった……という後悔はありますが。

③「考えの形成、記述」の項目
（ⅰ）「現代の国語」

　「根拠の示し方」は、高校解説では文章や図表といった表現形式と、自身の実体験などの１次情報、他者の体験の引用の２次情報、メディア上の情報（３次情報）といった情報の種類の問題に関わることだとされます。LW では基本的に文章表現を前提にしているので、表現形式を自覚的に選択させることはありません。もっとも、高校解説にも、情報の種類による示し方の違いについては、これ以上の情報がありません。言語表現上で伝聞と実体験を区別することや、引用の形式を踏むことなどを指導するのでしょうか？

　「説明の仕方」は、高校解説に次のような具体例によって説明されています。（なお、原文は文章表現ですが、表現形式を筆者が整え、箇条書きに改めてみました。）

出来事や事実などを説明する場合
・全体を俯瞰した後に細部を説明する仕方
・部分の説明を積み重ねて全容を説明する仕方　など
意見や考えを説明する場合
・箇条書きなどキーワード等を示して手順を説明する仕方
・主張と論拠のみを簡潔に示して説明する仕方
・主張と論拠に併せて多くの具体例を示し詳細に説明する仕方　など

　こうしてみると、LW「第五章　「説明」を書く」とは異なるイメージであることがはっきりします。高校解説では、「全体像から細部へ」か「細部から全体へ」という順序の問題や、情報の密度の問題を扱っているように

見えます。これに対して、LWでの「説明」は、「定義」「解説」「例示」「比喩」「比較」「分類」「経過」「言い換え」の機能別に分けられ、そこでそれぞれの典型的な言語表現のパターンを学びます。どちらが絶対的によいというものでもないと考えますが、おそらく今後作られていく教科書教材が指導要領に添ったものであるならば、LWではそれとは異なる観点で、具体的なスキルをピンポイントで学ぶのに利用できるのではないでしょうか。構成としても、第五章は投げ込み教材としても扱える部分ではあります。

(ⅱ)「論理国語」

　指導要領にある「多面的・多角的な視点から自分の考えを見直したり、根拠や論拠の吟味を重ねたりして、主張を明確にする」について、高校解説は「説明しようとしている対象に関して十分に情報を集め、異なる立場や考え方に思いを巡らし、対象のもつ様々な面に着目して観察したり、立場を変えて考えたりすることによって自分の考えを相対化し、様々な可能性について検討すること」としています。続く「根拠や論拠の吟味」の作業と並んで、LW「第六章　意見文をチェックする」と近いのですが、協働学習をうまく展開できれば非常に有意義な活動になり得る箇所です。個々人では見直す作業にも限界がありますが、他者からの指摘から多くを学ぶことができるからです。ただし、協働学習はペアやグループの人間関係や個々の学力差などの影響を受けやすいです。必要ならペアやグループを分ける際に、教員が学習者の個性や関係に配慮して組んだり、ペアやグループのディスカッションの練習となる別の作業を前に挟んだりするなど、様々な工夫が必要です。特に人間関係にセンシティブな問題を含む集団の場合は、互いが書いたものをチェックさせるのが難しいこともあります（できれば風通しのよい学習集団を育てたいものです）。そういった場合は、教員が提示したモデル文章をペアで検討させるなどの形に変えて、「読むこと」の指導に寄せて、この部分を指導することも考えてもよいのかもしれません。

　なお、「根拠の吟味」とは、高校解説によれば「考えや言動の拠り所となる客観的な事実や情報の正誤などについて、精査し判断すること」、同様に

「論拠の吟味」とは、「主張がなぜ成り立つのかを説明するための理由付けの適否などについて検討し判断すること」とあります。

（ⅲ）「国語表現」

　高校解説は、「根拠となる情報を基に的確に説明する」ことについて、「自分の考えの根拠となる情報を正確に分かりやすく説明すること」とし、「誤りのない情報に基づいて判断した考えを的確な言葉で表現すること、信頼できる事例を挙げること、主張と根拠との関連性を筋道立てて説明すること、誤解されないような言い方をすること、独りよがりの表現を用いないこと」などへの留意を促すよう求めています。

④「推敲、共有」の項目

　LW は、基本的に個人で作業を進めていく前提で作ってあります。自習や独学で使う場合のことも念頭に置いているからです。もちろん、授業や講義でご利用になる場合には、ペアワークやグループワークを活用して、推敲や共有をしていただけるとよいと思います。特に学習者が互いに異なるテーマで書いている場合は、読解に必要な背景知識の説明が十分なものかをチェックする得難い機会になるでしょう。

　推敲に関しては、これまでに何度か言及した「第六章　意見文をチェックする」で示したセルフチェックの観点が利用できるでしょう。ただ、論理国語の項目に挙がっている「文章の構成や展開、表現の仕方」についてのチェック項目はありません。

　多種多様な内容を持つ「表現の仕方」について、個別的なチェック項目を設けなかった事情はおわかりいただけると思いますので、ここでは「構成や展開」について述べます。

　高校解説によれば、「文章の構成や展開」とは、「どのような題材に関して述べ、材料としてどのようなものを選び、それをどのように組み立て、どのような筋道、順序で考えなどを述べているのかということであり、段落の働きや段落相互の関係や論理の展開の仕方、結論の述べ方や、具体的な事例の

挙げ方などのこと」です。LW では、最初歩の学習者のために「意見文構成シート」（pp.208–210）で、段落構成を提示しているものの、構成や展開に一般的な望ましい型を提示する考え方は取っていません。要は意見文に必要な要素と、その質を最低限チェックできればよいと考え、構成や展開の方法は書き手に委ねているということになります。たしかに、文章を書き慣れていない学習者には、いきなり委ねられても難しいでしょうから、何らかの目安が必要でしょう。参考までに、以下のものを提示します。

1　文章構成の代表的な型
　頭括型、双括型、尾括型／三段構成（序論・本論・結論）
2　情報提示の順序
　既知から未知の順に、全体像を先に示す、重要なものから先に示す
3　段落の作り方
　一段落一内容、接続表現を用いた段落間関係の処理

　もし構成や展開について、セルフチェック、または相互チェック表を作るなら、これらの内容について、課題の内容に即して具体的にチェック項目を決め、学習者に提示することになります。例えば、頭括型で文章を書かせているのならば、「話題と主張が最初の段落に書かれているか」などとしていくということです。

4　本書の構成

　全体で 3 章構成です。第 1 章は中学、第 2 章は高校、そして第 3 章は大学での LW を使用した授業・講義の実践内容をまとめました。

　第 1 章では、中学での実践例をまとめています。第 1 節から順に、中学 1年、2 年、3 年での実践をご報告していきます。著者の大半が勤務する名古屋大学教育学部附属中学校では、LW を副教材として利用していますが、各学年で指導するべき章を決めています。担当者は、年間授業計画を組む際、

教科書教材の他に LW をどこで扱うかを考え、授業を実施します。

　第 1 章第 1 節は中学 1 年での実践(瀬古淳祐教諭)です。本実践の特徴は、LW で育成を目指す、論理的に考え、表現するスキルを、LW を扱う時間だけではなく、通常の教科書教材での学習でも意識して使うように構成したところです。これは、今後求められるコンテンツ・ベースの教育ではなく、コンピテンツ・ベースの教育の取り組みと考えることができるでしょう。第 2 節は中学 2 年での実践(杉本雅子教諭)です。中学 2 年で学ぶことになっている「第 4 章　理由を書く」での実践例ですが、協働学習を積極的に取り入れ、それにより理由づけの多様性に気づかせることを目指したものです。第 3 節は中学 3 年での実践(加藤直志教諭)です。LW を授業でご利用になる方は、教師用資料としてワークシートをお分けしています(LW p. v 参照)。本実践はこれを活用して授業作りをした例です。また、LW で学んだ内容の定着をどのように評価するかについての実例をお示しするものでもあります。知識的な内容については定期テストで評価したかや、成果物をどのような基準で評価したかの実際をお示ししていますので、これから授業をなさる方のご参考になることでしょう。

　第 2 章は高等学校での実践です。第 1 節は、勤務校の学校特設科目 SS 課題研究 II での指導事例(加藤直志教諭)です。学校特設科目ではあるのですが、短い時間で LW のエッセンスを教える授業プランとなっています。通常の国語の授業でも、年間の授業から数時間を捻出することができれば、このような授業を展開することもできるという例として参考にしていただければと考えます。第 2 節は、「現代文」「古典」の授業で LW を意識した授業の例です。「現代文」の部分は、LW の教員に与える「副効果」を指摘した点で、おもしろい報告です。この部分を執筆した棚橋美加子教諭は、第 1 章の瀬古教諭と並んで、LW が刊行された後に着任した、LW の著者ではない授業者です。この点で、本書を読んでくださっている方々に近い立場であると言えます。ここでは、LW の指導のために LW の本文を咀嚼する中で、指導者の分析力が高まったという主旨の報告をしています。「メインの根拠」「サポート根拠」という LW で示した「理由の構成」を使うと、生徒の回答

のずれを指摘したり、説明したりしやすくなったということです。第2節後半の「古典」は、佐光美穂が担当しています。LW で培う他者の文章を根拠に、自分の考えを展開する力を、古典教材でも応用できるのではないかと考えて実践した授業の報告です。今後の国語教育が求められる、「教材を教える」のではなく「教材で教える」ことへの転換への図った内容です。第3節は総合的な学習の時間（総合的な探究の時間）での学習に LW を取り入れる例（佐光美穂）です。課題研究のどの学習過程に、どの章の内容を活かすことができるのかを整理しておきました。第4節は受験小論文の指導に LW を利用した例（今村敦司教諭）です。「あいまい文」の訂正、引用法など、LW で自学させるところと、生徒への個別的な指導に振り分けて効率的に指導するヒントをお示しすることができるでしょう。

　第3章は中部大学経営情報学部経営総合学科での実践です。半年間開講される「レポート・論文作成法」という授業で、複数の先生方が担当なさっている授業ですが、代表して千葉軒士先生に報告していただきました。LW は自学する方も読者に想定しています。そのため、説明が多く、答えまで書き込んであるのですが、授業で使う際には「もう書いてあるじゃないか」という学習者の反応を生んでしまいます。こういったテキストの弱点（著者としては「特徴」と呼びたいですが…）を、類題や他の事例を授業者が用意して説明するなどの工夫をすることで克服しています。一方、LW の豊富な練習問題に取り組ませ、指導者が丁寧に添削や追加説明などを行うことにより、わずか半年でレポート作成能力の向上が実感できるところまで学生が成長することも明らかにしています。これから LW を用いて授業をする方に、有益、かつ勇気が出る実践報告です。

注

1　　戸田山和久『論文の教室』（日本放送出版協会、2002.11）
2　　野矢茂樹『論理トレーニング』（新版、産業図書、2006.11）
3　　法務省「成年年齢の引下げに伴う年齢要件の変更について」（http://www.moj.

go.jp/content/001261083.pdf、2019 年 2 月 9 日閲覧時の内容）を参考にしました。

4　複数の道・県の調査を参考に判断しました。具体的には以下のページを参考に
　　しています。
　　・北海道「平成 31 年成人の日等に関する調査結果」（http://www.dokyoi.pref.
　　　hokkaido.lg.jp/hk/sgg/h31seijinnnohi.pdf、2019 年 2 月 13 日閲覧時の内容）
　　・青森県「平成 29 年「成人式」調査結果」（https://www.pref.aomori.lg.jp/
　　　soshiki/kyoiku/e-shogai/files/seizin29.pdf、2019 年 2 月 13 日閲覧時の内容）
　　・茨城県教育委員会「平成 31 年成人式に係る調査結果について」（https://www.
　　　edu.pref.ibaraki.jp/board/welcome/koho/press/teikyou/h30/383.pdf、2019 年 2
　　　月 13 日閲覧時の内容）
　　・埼玉県「平成 30 年の成人式に関する調査結果について」（https://www.pref.
　　　saitama.lg.jp/a0001/news/page/2017/1221-03.html、2019 年 2 月 13 日閲覧時
　　　の内容）
　　・佐賀県「平成 31 年 成人式について（各市町調査結果）」（https://www.pref.saga.
　　　lg.jp/kiji00366321/3_66321_123029_up_4mp1zvlp.pdf、2019 年 2 月 13 日閲覧
　　　時の内容）

5　福澤一吉『文章と論理で読み解くためのクリティカル・リーディング』（NHK
　　出版、2012.4）による訳語。

6　「三角ロジック」には複数の方式があります。本稿では鶴田清司・河野順子『論
　　理的思考力・表現力を育てる言語活動のデザイン　中学校編』（明治図書出版、
　　2014.11）による用語を参照しました。

7　文部科学省、平成 29（2017）年 7 月

8　文部科学省、平成 30（2018）年 7 月

9　スティーヴン・トゥールミン（戸田山和久、福澤一吉訳）『議論の技法──トゥー
　　ルミン・モデルの原点』（東京図書、2011.5）

＊本稿は 1 〜 3 を 2019 年 1 月に、4 を 2019 年 9 月に執筆しました。

第 1 章

中学校での実践

1　中学 1 年生での実践

瀬古淳祐

　光村図書の教科書『国語1』を用いて授業を行いました。年間授業計画は、（1）に示してある通りです。また、教科書に加えて、LW を使用した授業に関しては、ゴシック体で示しました。

　中学 1 年生では、LW 第一部「はじめに　意見文とは」、「第一章　「関係」を考える」、第二部「第二章　意見文のつくり」を学習します。学習の流れとしては、LW を教科書として、まず、「はじめに　意見文とは」と「第二章　意見文のつくり」を扱います。「第一章　「関係」を考える」は、文法事項の学習を終えてから扱います。

　勤務校では、中学で LW の第二部までを学ぶことになっています。1 年生では「はじめに」から第三章まで、2 年生では第四・五章、3 年生では第六章を中心に全体の復習を行います。中学 1 年生での LW を用いた学習で大切にしたいのは、「第二章」で扱う「話題」のとらえ方です。LW において「話題」は、「中心になって論じられている問い」です。「話題」を問いの形で立てることで、自分が論じる内容をより明確にできます。ですが、生徒たちはしばしば、調べ学習などのタイトルを「愛知県の産業について」のようにつけます。文章や調べ学習などの話題を「〜について」と表現するのは、多くの生徒のくせになっています。この表現は、話題のとらえ方として外れているわけではありませんが、論点がぼやけてしまいます。書いている間、あるいは話している間に知らず知らずのうちに「話題」を見失うことは大人でも間々あります。中学生であればなおさらです。「話題」を問いとして立てることで、自分が論じたいことが明確になります。文章を読んだり、話を聞いたりする際の「話題」のとらえ方や、文章を書いたり、話したりする際の「話題」の設定のしかたを「〜について」から「問い」にするくせをつけることが、筋道立った「意見文」を書く上で大切になります。その意識付けを「第二章」で行い、今後の読解や、書く活動に生かしていきます。また、LW で学んだことをもとに書く活動をするにあたり、生徒たちが興味関心のある内

容や、切実に意見を述べることが求められる題材になるよう心掛けました。

　本節では、教科書の読みの授業に LW のフレームを用いた実践、LW のみをテキストとして用いた実践、教科書の「書くこと」を扱った単元を、LW を用いて行った実践をご紹介します。中学 1 年生のうちに「話題」「主張」「理由」のフレームを学ぶことが主となるため、第二章を中心に取り上げています。

（1）年間授業計画
〈年間授業計画表〉…使用教科書『国語 1』（光村図書）

　　　　　　　　国語の授業は週 4 時間あり、1 回の授業は 50 分間です。

※「評価方法」は、LW 関連（ゴシック体）の授業のもののみを示しています。

月	教材	学習事項	評価方法
4	・詩「野原はうたう」 ・物語「花曇りの向こう」	・詩の解釈 ・詩創作 ・物語の読解	
5	・LW「はじめに」 ・LW「第二章」 ・説明「ちょっと立ち止まって」	・意見文に必要な要素を学ぶ ・例文から意見文に必要な要素を見つける ・説明文の読解	・ワークシート
6	・説明「ダイコンは大きな根？」 →実践 1	・「話題」「主張」「理由」のフレームを意識した説明文の読解	・発問 ・定期テスト ・ワークシート
7	・書写	・楷書	
9	・LW「第二章」 →実践 2 ・物語「星の花が降るころに」	・意見文を書く ・物語の読解	・ワークシート
10	・物語「大人になれなかった弟たちに……」 ・LW「第一章」	・物語の読解 ・文法事項（文節、文の成分）の学習	・定期テスト ・ワークシート

11	・記録「シカの落ち穂拾い」 ・古文「いろは歌」 ・古文「月に思う」 ・古文「蓬莱の玉の枝」	・記録文の読解 ・音読 ・暗唱 ・古文の理解	
12	・漢文「今に生きる言葉」 ・書写	・音読 ・劇 ・行書	
1	・説明「幻の魚は生きていた」 ・**根拠を明確にして魅力を伝えよう** →実践3	・説明文の読解 ・紹介文の作成	・ワークシート
2	・小説「少年の日の思い出」	・小説の読解	
3	・詩「ぼくが　ここに」	・詩の解釈	

（2）授業の実際

実践1　「話題」「主張」「理由」のフレームを読解に生かす―「ダイコンは大きな根？」をLWのフレームで読む

　本実践は、LWの「話題」「主張」「理由」のフレームを、教科書教材の読みの授業で活用したもので、6月に行いました。「ダイコンは大きな根？」は稲垣栄洋によって書かれた文章で、光村図書『国語1』では、1年生で最初に読む説明文教材として位置づけられています。本教材を扱う前に、「はじめに」と「第二章」を扱いました。生徒たちはLWの例文をいくつか読み、意見文の要素である「話題」、「主張」、「理由」がどのようなものかをおよそ理解している状態です。また、本教材を、LWで学んだ知識も用いながら読むことを、事前に生徒たちに知らせたうえで、扱いました。しかし、「ダイコンは大きな根？」は説明文であるため、明確な主張は述べられていません。LWの例題のような意見文に必要な要素がとらえやすい文章ではなく、実際の説明文を読む中で、LWで学習した「話題」「主張」「理由」がどのように本文中に生かされているのかを学んでいきます。

　また、これまでの国語の授業で、文章の構成について知っていることを生徒たちに聞くと、文章は序論、本論、結論の流れで書かれていることを知っていました。そのため、本教材では、序論、本論、結論の文章展開の中で、筆者の「話題」、「主張」、「理由」が何かをつかむことをねらいとし、学習を進めました。

〈単元計画〉

回	学習内容	学習目標	学習方法
1 2 3	・LW「第二章」	・本文の形式段落を、意味段落にまとめることができる。	・本文の範読を聞き、各段落の内容を一言でまとめ、意味段落に分けさせる。本文で筆者が最も言いたいこととその理由を書かせる。 （ワークシート①）
		・本文の読解を通して、内容を理解することができる。	・本文の1〜4段落の読解をする。 ・5〜10段落の読解をする。 （ワークシート②）
4 5	・LW「第二章」	・本文中のどこが「話題」「主張」「理由」なのかを考えることができる。	・本文の「話題」「主張」「理由」が何かを個人で考える。 （ワークシート③） ・個人で、本文の「話題」「主張」「理由」を考えさせ、ワークシートに書かせる。 （ワークシート③）
		・班や全体での議論を通して、本文の「話題」「主張」「理由」を考えることができる。	・個人で考えたものを班で意見交換し、まとめさせる。代表者に、黒板に班でまとめた意見を板書させる。

○第1〜3回

　本文の読解を中心に行いました。形式段落、意味段落を説明し、本文を形式段落に分けさせました。ワークシート①を使い、形式段落 1 〜 10 を

一言で要約させ、それをもとに意味段落に分けさせました。その中で、序論（ $\boxed{1}$ ）、本論 1（ $\boxed{2}$ 〜 $\boxed{4}$ ）、本論 2（ $\boxed{5}$ 〜 $\boxed{9}$ ）、結論（ $\boxed{10}$ ）のように分け、本論は形式段落 $\boxed{2}$ と $\boxed{5}$ の問いに答える形で論が展開されていることを確認しました。本文の読解は、ワークシート②、③を使って行いました。話の展開自体は、各意味段落の冒頭で提示された問いに答える形で進められているため読みやすいものです。本論 1 では、普段私たちはダイコンのどの器官を食べているのかを確認しました。本論 2 では各器官のはたらきと味の関係を整理し、これらの特徴を活用して調理することで、ダイコンの様々な味を引き出すことができることをまとめました。ワークシート①の最後で、生徒たちに「この文章で筆者が最も言いたいことは何か」を問いましたが、多くの生徒が結論にあたる形式段落 $\boxed{10}$ の記述を書いていました。筆者は形式段落 $\boxed{10}$ で、本文のまとめとして次の 2 点を述べています。

- ・ダイコンの白い部分は異なる器官から成っていて、器官の働きによって味も違うのです。
- ・いろいろと調べてみると、これまで気づかなかった野菜の新しい魅力が見えてくるかもしれません。

　どちらも書いている生徒もいましたし、2 点目だけを書く生徒もいましたが、1 点目だけを書いている生徒はほとんどいませんでした。本文読解の段階では意見を挙げさせるだけにとどめ、LW のフレームを考える学習へ進みます。

○第 4・5 回

　第 3 回までの読解を踏まえ、本文から「話題」「主張」「理由」が何かを生徒に探させました。ここでは、勤務校で取り組んでいる協同的探究学習の手法を用いて学習を進めました。まず、第 4 回に、自身の意見を持ってもらうため、本文の「話題」「主張」「理由」が何なのかを個人で考える時間を取ります（個人探究 I）。それをワークシート③上段の、「自分の意見」右側に記

38

ワークシート①

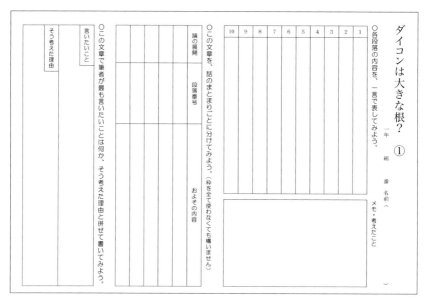

○各段落の内容を、一言で表してみよう。

10	9	8	7	6	5	4	3	2	1

メモ・考えたこと

ダイコンは大きな根？　①

一年　　組　　番　名前（　　　　　）

○この文章を、話のまとまりごとに分けてみよう。（枠を全て使わなくても構いません）

論の展開	段落番号	およその内容

○この文章で筆者が最も言いたいことは何か、そう考えた理由と併せて書いてみよう。

言いたいこと

そう考えた理由

ワークシート②

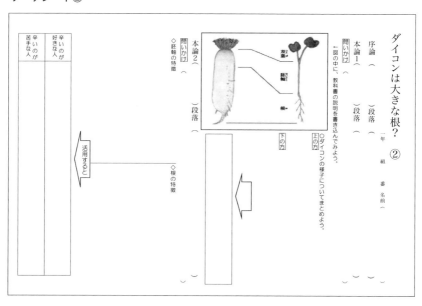

ダイコンは大きな根？　②

一年　　組　　番　名前（　　　　　）

○ダイコンの様子についてまとめよう。

←図の中に、教科書の説明を書き込んでみよう。

序論（　　）段落

本論1（　　）段落

問いかけ（　　　　）

子葉

胚軸

根

上の内

下の内

本論2（　　）段落

問いかけ（　　　　）

◇胚軸の特徴

◇根の特徴

活用すると

辛いのが好きな人	辛いのが苦手な人

入します。その後、5人1班になり、班内で意見を発表し合います。この時に班の中で出た意見を、下段の「班の意見」に記入し、まとめます（協同探究Ⅰ）。そして、班でまとめた意見を黒板に書かせます。すべての班の板書が完了したら、それを写真に撮ります。第5回では、生徒たちの板書の写真を印刷し、生徒に配布します。その資料をもとに、各班の代表の生徒が自分たちの班が考えた、本文の「話題」「主張」「理由」が何かを理由と共に発表します（協同探究Ⅱ）。

　最初に個人で考えた意見の欄、班で考えた意見の欄、再度個人で考えた意見の欄を設けたワークシート③を配布し、考えさせました（個人探究Ⅱ）。個人→班→全体→個人で考えさせることで、各々が自身の意見を持った状態で班や全体での話し合いに参加することができました。班で「話題」「主張」「理由」について意見交流をし、クラスに発表させた際、大きく二つの考え方に分かれました。

ワークシート③

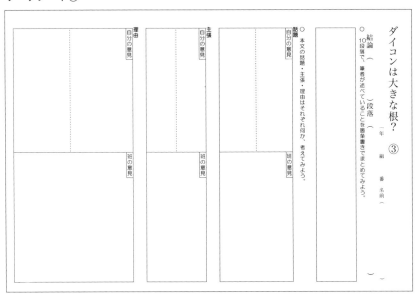

↓班での話し合いの結果を生徒たちが板書したもの

A　ダイコンに着目したもの

話題	ダイコンの白い部分はどの器官なのか（また、なぜ味が違うのか）。
主張	白い部分は、胚軸と根の二つの器官からなっている。
理由	・カイワレダイコンと比較して、側根のある根とすべすべした胚軸に分かれている。 ・上の部分は水分が多く甘みがあり、下の部分は辛い。

B　野菜全般に着目したもの

話題	私達が食べている野菜の器官はどこか。
主張	・普段何気なく食べている野菜も植物として観察してみるべきだ。 ・調べてみると、これまで気づかなかった野菜の新しい魅力が見えてくる。
理由	・これまでに気づかなかった野菜の新しい魅力が見えてくるかもしれないから。 ・普段何気なく食べているダイコンも、植物として観察してみると興味深い発見があったから。

　2クラス合わせて16班のうち、Aのように考えたのが12班、Bが4班でした。Aと考えた生徒からは、「タイトルを根拠にした」「第二段落の問いに注目した」などの意見が出ました。一方で、Bのように考えた生徒たちからは、「筆者が最も言いたいこと（主張）は、結論に書かれていることが多い」「ダイコンは具体例であり、最初と最後は野菜全体の話をしている」などの

意見が出されました。お互いが主張を一通り出した時に、Bの「話題」は、本文中に問われていないという意見や、「普段何気なく食べている野菜も植物として観察してみるべきだ」という主張は、「私達が食べている野菜の器官はどこか」という話題に対してつながっていない、という意見が出されました。これらの意見を踏まえ、再度教科書を読んでみると、「確かに」と納得する生徒の声が聞かれました。

　生徒同士の議論がひと段落したところで、教員からも説明を補足しました。まず、LWでの「話題」「主張」「理由」の定義を再度確認した後、Aの立場の生徒が述べていたように、タイトルが「ダイコンは大きな根？」とあることから、「話題」は「ダイコンの白い部分はどの器官なのか」であることを説明しました。また、本論1・2が、問いかけに応答する形式で書かれており、中心となって論じられているのはダイコンのことであることも確認しました。Bの生徒たちが「主張」や「理由」に挙げていた「調べてみると、これまで気づかなかった野菜の新しい魅力が見えてくる」や、「植物として観察してみると興味深い発見があったから」という部分は、本論のまとめというよりは、ダイコンのことを見てきたような視点で他の野菜についても考えてみたらどうかというプラスアルファの提案に近いものであると説明しました。

　最後に再び個人で本文の「話題」「主張」「理由」を考えさせたところ、約8割の生徒がAのようにとらえていました。一方で、クラスでの話し合いを聞いて、Bの生徒の説明に説得力を感じた生徒は、最終的にBのとらえ方をするようになる生徒がいたり、「普段食べているダイコンも植物として観察してみると興味深い発見があるが、他の野菜はどうか」など、まったく新しい「話題」「主張」「理由」を考えたりする生徒もいました。

　生徒の既有知識であった序論、本論、結論と、LWで学んだ「話題」、「主張」、「理由」を関連付けた生徒もいました。「「話題」は序論にある」、「「理由」は本論にある」「「主張」は序論もしくは結論にある」という知識が先入観となり、Bの考え方に行きつく生徒がいたと考えられます。

〈成果と課題〉

　本実践の成果は、教科書教材を実際に LW の「話題」「主張」「理由」の
フレームを利用しながら読んだことです。そうすることで、生徒たちは「話
題」と「主張」のつながりと、それらを支える「理由」が一貫していること
の大切さをつかむことができたのではないかと考えます。また、LW にも「話
題」「主張」「理由」を探す例文がありますが、本教材の学習を通して、常
にきれいに分類できるわけではないことを生徒たちは実感しました。その中
で、どのような話題で筆者が何を主張したいのか、そのためにどのような理
由付けをして説得力を持たせようとしているのかを読み取っていくことの大
切さを、今後の授業で伝えていけたらと思います。

　授業者が想定した「話題」「主張」「理由」は A であり、ワークシートを
見る限り、生徒たちもおおむね話し合いを通してそちらの考えに行きつくこ
とができていました。一方で、自分の考えを正しいものにしようという姿勢
で文章を読む生徒や、影響力のある生徒の意見になびいてしまった生徒もい
るため、人の意見を客観的に聞きながら、本文に向き合う姿勢を持たせる工
夫が必要だと感じました。今後も LW のフレームを通して文章を読む実践
を重ね、生徒たちの文章を読む力を向上させていきたいと思います。

　このように、中学 1 年生の 6 月までに、LW をテキストとして用いて「話
題」「主張」「理由」のフレームを学習し、それを用いて教科書の文章を読解
しました。こうした段階を踏むことで、生徒たちは LW のフレームを知識
として学ぶことができたと思います。こうした基礎をかためた後、フレーム
を用いて実際に意見文を書く活動に入っていきます。

実践2 「話題」を問いの形で立てる習慣づけ―学校祭の演劇優先時間を考えよう

　勤務校では、毎年 9 月中旬に 2 日間にわたり、学校祭を行っています。中
学生はそこで、各クラス 40 分程度の演劇を上演します。そのために、台本
を選び、監督やキャスト、裏方などの役割分担を決め、当日に向けて準備を
進めます。夏休みが明けると、授業後（帰りの会や掃除が終わった 15 時 40

分頃)から16時30分までを「演劇優先時間」として設定しています。この時間があることで、練習や準備に一層熱が入る生徒がいる一方で、部活動などの時間が制限されてしまうと感じる生徒もいます。総じて生徒たちは演劇の準備に一生懸命取り組んでいますが、練習に来る、来ないということを巡るいさかいや、準備の姿勢の温度差などからの不満を胸に抱くこともあります。こうした問題は演劇に熱心な生徒、部活動に熱心な生徒どちらにとっても切実な問題であり、書くことへのモチベーションが得やすいため、学習課題に設定しました。「話題」「主張」「理由」の枠組みを用いて書く活動にとどまらず、演劇優先時間のありかたを自身に問うことは、これからの行事への取り組みにつながると考えました。

　本実践は夏休みが明けた9月上旬に行いました。生徒たちは演劇優先時間の運用が始まった時期にこの意見文に取り組みました。そのため、当事者として熱心に学習活動に取り組みました。

〈単元計画〉

回	学習内容	学習目標	学習方法
1 2	・LW「はじめに」 ・LW「第二章」復習	・説得力のある意見文を書くことの必要性を再確認する。 ・「話題」を問いの形で立てることができる。 ・演劇優先時間のあり方について、自分の「話題」「主張」「理由」を整理しながら構成メモを作る。	・意見文のつくりをおさらいさせる。 ・「話題」を問いの形で立てるよう工夫するよう促す。 ・近くの席の学習者同士で、どのように「話題」を立てたのか交流させる。
3	・LW「第二章」	・前時で作成した構成メモをもとに、意見文を400〜600字で書く。	・書き上げたら、推敲させる。
4	・LW「第二章」	・お互いの意見文を読み合い、評価し合う。	・評価の観点をもとに、相手の意見文を評価し、コメントを書かせる。

〈授業の実際〉

○第１・２回

　はじめに意見文の構成のしかたを説明し、実際に構成メモを作る時間をとりました。文章の構成としては双括型を勧めました。また、本論で述べる「理由」は、多くても二つにすること、どちらかの「理由」に対して、「予想される反論（確かに〜だろう。しかし…）」を盛り込むことを伝えました。これは、自分の「意見」が、公共性がある内容であるかを意識させるためにです。これを考えさせる中で、自分が書いた「主張」や「理由」は、意見として通用しないことを実感した生徒もいました。こうした意見文全体の書き方、構成メモの作り方を説明してから、生徒たちにメモを作る活動をさせました。LW を主教材とした「はじめに」「第二章」の学習は、5、6月に行っており時期があいたため、再度意見文を書く意義や意見文のつくりを復習しました。復習の後、「意見文を書こう」（ワークシート①）を使い、演劇優先時間のありかたについての「話題」「主張」「理由」「予想される反論」を考えさせました。「話題」を書く欄の端には「？」をつけておくことで、生徒たちが「話題」を問いの形で立てることを意識できるようにしました。それでも、「話題」を「〜について」でとらえるくせがついている生徒の中には、自分が「話題」としたいことを問いの形で立てることに苦戦する子もいます。その際は、個別に声をかけたり、席の近い生徒間でどのように問いを立てたのかを相談させたりして、自分の頭の中の考えを整理させました。「主張」や「理由」については、生徒たちはこれまでの演劇準備の様子を踏まえて、思い思いに書いていました。

ワークシート①

意見文を書こう

～構成メモを作ろう～

一年　　組　　番　名前〈　　　　　〉

〈お題〉
いよいよ光粒祭まで一週間と少しになりました。どのクラスも演劇の準備に向けて一層熱が入っています。ところで、名大附属では放課後の16時30分まで演劇優先時間になっています。皆さんはこの演劇優先時間について、どのように考えていますか。自分の考えを、400字以上600字以内で書いてみましょう。

話題	主張	理由①	理由②	予想される反論
？				

○第3回

　第1・2回で作成した構成メモをもとに、意見文を書く活動を行いました。文章は序論・本論・結論で書くことを生徒たちは知っていたため、その展開に「話題」「主張」「理由」を組み込んで書くよう伝えました。書く内容自体は構成メモで整理できていたため、多くの生徒が書き進めることができていました。中には、「書き出しをどのように書けばよいかわからない」という生徒がいたので、まずは「話題」から書き始めること、それが唐突な印象を持つのであれば、演劇優先時間の説明を入れてから書き出すように助言しました。

○第4回

　第3回で書いた意見文を、生徒同士で評価させました。評価の観点を以下の3点に設定しました。

①「話題」「主張」「理由」が書かれているか。
②「理由」は「主張」に対する根拠になっているか。
③「予想される反論」が盛り込まれているか。

　「相互評価シート」（ワークシート②）を隣の人と交換し、各観点のチェックとコメントを書かせました。お互いの評価が終わったら、席を移動させ、もう一度同様の活動を行いました。意見文の読み合いの後に、読んでくれた人のコメントをもとに、自分の意見文を手直しする時間を設け、その後感想を書かせました。

ワークシート②

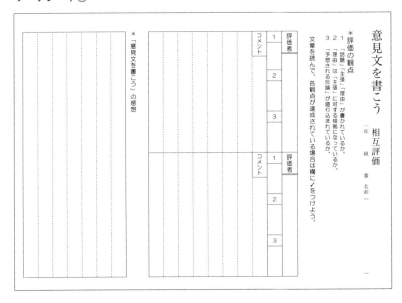

〈評価〉

　「相互評価シート」で示した観点を評価の観点としました。今回が LW の「話題」「主張」「理由」のフレームを用いて意見文を書く初めての授業だっ

たため、特に、観点①を重要視しました。生徒たちは概ね書くことができていましたが、何人かの生徒は「話題」を問いの形で提示できていませんでした。

〈成果と課題〉

　今回得られた主な成果は以下の2点です。

・「話題」「主張」「理由」のフレームの定着
・生徒の意見文を書くことへの意識の変化

　生徒の意見文を見たところ、ほとんどの生徒がLWの「話題」「主張」「理由」のフレームを用いて意見文を書くことができていました。できていなかった生徒も、クラスメイトの意見文や自分へのコメントを読んで、「こう書けば問いの形で話題を書くことができる」ことをつかむことができていました。感想を見ると、今までに書いてきた意見文と書き方が異なったため、戸惑う生徒もいたようでしたが、今回のフレームで書いた方が書きやすいという声が多くありました。以下に生徒の感想を抜粋します。

・意見文を書くにあたって構成メモがとても重要な役割を果たすのだなと思いました。
・しっかり話題・主張・理由が決まっていれば、400字を軽くこえられるんだなと思いました。
・他の人の意見文を評価してみて、自分と違う観点で見ることができた。人によって考え方が全然違うことがわかった。
・予想される反論がうまく思いうかばなく、自分はいつも第三者の視点で考えていなかったのだなと思いました。
・今回初めて「予想される反論」を書いてみて、反論の意見はないよりかはある方が読み手をうなずかせることもできることがわかりました。

　文章を書くことが苦手だと言う生徒たちと話をしていると、「書きたいことが特にない」「話が膨らまない」という声をよく耳にします。そうした生徒たちにとって、400字以上の文章を書くことへの心理的なハードルは高く、自分の主張に説得力を持たせることではなく、マス目を埋める作業が目的になってしまいがちです。一方で、文章を書くことが好きだと言う生徒のものを読んでみると、自分が書きたいことを連ねていき、最終的に何を主張したかったのかを見失っているものも少なくありません。

　苦手な生徒たちも、構成メモを作り、「話題」「主張」「理由」のフレームを用いることで、400字以上書ききることができました。また、それによって自信がつき、抵抗感が軽くなったようでした。また、最終的な着地点を見失いがちな生徒にとっても、構成メモの段階で、自分がどのような話題に対して、どのような主張をし、理由付けをするのかを考えられたため、論旨が一貫した文章を書くことができていました。

　また、お互いの意見文を評価する中で、自分と正反対の意見に触れたり、同じ主張をしていても違う理由を読んだりしたことで、同じ物事について、様々な見方や考え方があること、それを自分の中に取り込み、次に生かそうとする意見が数多く見られました。

　今回はLWのフレームを用いて意見文を書く初めての実践だったため、ある要素を文章に盛り込むことができたかどうかという形式的な面を評価の観点としました。

　今後は質的な面についても観点を立てて相互評価させ、どのように工夫すればさらに良い意見文が書けるようになるのかを考えさせる実践を行っていきたいと考えています。

実践3 「主張」と「理由」の関連づけ―合唱曲の魅力を伝えよう

　勤務校では、毎年3月中旬に合唱祭を行っています。生徒たちは、担当の生徒から提示された課題曲と、各クラスで決めた自由曲の2曲を歌います。中学1年A組の自由曲は、多数決の結果つじあやのの「風になる」になりました。

　勤務校では光村図書の『国語1』を教科書として使用しています。その中の書く活動の単元に、「根拠を明確にして魅力を伝えよう」があります。これは、美術作品を見て魅力を伝える鑑賞文を書く単元ですが、今回は、自分たちが歌う自由曲の魅力を伝える文章を書く機会として本単元を設定しました。

　本実践は1月下旬から2月上旬にかけて行いました。1月下旬にクラスの自由曲が決まり、本格的に合唱の練習が始まった直後に授業が始まりました。似たような活動を学校祭の時にも行っていたので、「またか」という生徒もいましたが、歌詞の分析やマッピングの活動になると、熱心に取り組んでいました。

〈単元計画〉

回	学習内容	学習目標	学習方法
1	・LW「第二章」	・歌詞解釈を行い、曲の魅力を発見できる。	・班に分かれ、担当箇所の歌詞解釈を行わせる。
2	・LW「第二章」	・自由曲のマッピングを行い、歌詞以外の曲の魅力を整理することができる。	・自由曲の魅力に関する様々な観点を立て、マッピングを完成させる。
3	・LW「第二章」	・歌詞解釈とマッピングをもとに構成メモを作成することができる。 ・作成した構成メモを班で交流し、自分の構成メモへのヒントを得る。	・歌詞解釈とマッピングをもとに、構成メモを作成させる。 ・作成した構成メモを班で交流させる。 ・次時の全体交流のための構成メモを班で一つ選出させる。
4	・LW「第二章」	・班の代表の構成メモを、クラス全体で交流することができる。 ・クラス全体の交流を受けて、自身の構成メモを修正する。	・各班の代表の構成メモをクラス全体で交流し、共通点や差異点を議論させる。 ・全体での議論を受けて、自身の構成メモを再構成させる。
5	・LW「第二章」	・再構成した構成メモをもとに、自由曲の魅力を伝える意見文を書くことができる。	・構成メモをもとに、自由曲の魅力を伝える意見文を書かせる。

6	・LW「第二章」	・相手の意見文を読み、主張と理由がつながっているかを評価することができる。	・相手の意見文を読む際に、「話題」に波線、「主張」に傍線を引き、「理由」にあたる部分を〈　〉でくくるよう指示する。
		・意見文の相互評価を通して、魅力を伝える文章を書くためのポイントをまとめることができる。	・意見文の相互評価を通して、魅力を伝えるためのポイントをまとめさせる。

○第1回

　第1回では、歌詞を記載した「歌詞分析シート」を配布して歌詞を10に区切り、各個人、班ごとに割り振りをして分析を行いました。まずは個人で担当箇所の歌詞を分析し、その後その担当箇所の生徒同士を集め、解釈を議論させました。歌詞を分析する際、自分が担当する箇所の前後を参考にしながら作業を進めてよいことを伝えました。その後、各班の解釈を発表させながら、「風になる」の解釈を完成させました。

○第2回

　自由曲の魅力を伝える意見文を書くための準備として、第2回では、マッピングを行いました。歌詞だけではなく、メロディや合唱曲としての魅力、パートの魅力など、様々な観点から魅力を探すことをねらいとしました。前時の話し合いをもとに、歌詞について掘り下げたマッピングをした後に、他の観点が出ない生徒が何人かいたため、近くの席の生徒同士で話し合う時間を5分程度取りました。

○第3回

　第3回では、前時までに行った歌詞解釈、マッピングを踏まえ、構成メモを作成しました。その際、文章構成やLWの意見文のつくりを復習し、読み手に魅力が伝わる意見文を書くために、「主張」に対する「理由」（根拠）

が大切であることを、教科書を用いながら確認しました。これらの確認の後、20分程度時間を取り、「構成メモ」(ワークシート①)を作成させました。今回の構成メモは、はじめ、なか、おわりの枠組みで示していたため、生徒たちから「話題」と「主張」ははじめとなかにどう書けばよいかという質問が出ました。「話題」と「主張」をはじめに書くのか、はじめとなかに分けて書くのかは自分の書きやすいようにすればよいことを伝えました。

　生徒たちの構成メモが書きあがったら、5人で1班を作り、残りの時間で構成メモの班交流をさせました。そこでは、自分の構成メモの「話題」「主張」「理由」を発表させ、なぜその「主張」と「理由」にしたのかを議論させました。議論が落ち着いてきたところで、次時に全体交流をすることを伝え、そのために各班から代表の構成メモを選出するように伝えました。その際、ベストなものに限らず、発想や着眼点がユニークなものも選ぶよう伝えました。選出された構成メモはこの時間のうちに集め、次時までに印刷し、全体交流をする際の生徒たちの資料として用意しました。

ワークシート①

○第4回

　この時間は、各班の代表の構成メモを印刷したものを配布し、それを資料として全体交流を行いました。各班の代表者に構成メモの説明をしてもらい、魅力の観点を挙げていきました。観点には、歌詞やパート、合唱曲としての魅力など、様々なものが挙げられました。次に、手元の資料も見ながら、魅力の観点の共通点や独自性のある観点を整理し、そうした魅力の観点が、なぜ「風になる」の魅力であるといえるのかを考えさせました。こうした議論を通して、「風になる」の魅力となる観点（主張）となぜそれが魅力となりえるのか（理由）を整理しました。その後、自分の構成メモを再構成する時間を取りました。再構成にあたって、全体で議論した内容を盛り込むかは各自の判断に任せることを伝えました。

○第5回

　前時の再構成メモをもとに、「風になる」の魅力を伝える意見文を書かせました。

○第6回

　前時に書いた意見文を生徒同士で相互評価させました（ワークシート②）。隣と交換し、話題に波線、主張に傍線を引き、理由の部分を山括弧でくくるよう指示しました。また、意見文を読んでの感想を原稿用紙の裏面に書かせました。意見文を相手に返す際に、お互いに感想を言い合う姿が多く見られました。また、相手からの感想で、「ここはどういう意図で書いたのか」「話題と主張のつながりがわかりにくい」などと書かれた生徒たちは、自分が書いた意図を一生懸命説明していました。

　相互評価をさせた後、相手の意見文の良いところ、真似したいところを挙げさせました。それをグループで共有し、魅力を伝えるための工夫にはどのようなことがあるのかを改めて考えさせました。

ワークシート②

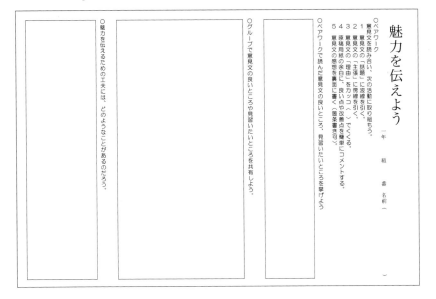

魅力を伝えよう

一　　組　　　番　名前（　　　　　　　）

〇ペアワーク
　意見文を読み合い、次の活動に取り組もう。
　1　意見文の「話題」に波線を引く。
　2　意見文の「主張」に傍線を引く。
　3　意見文の「理由」をカッコ（　）でくくる。
　4　赤鉛筆用紙の余白に、良い点や改善点を簡単にコメントする。
　5　意見文の感想を裏面に書く〈箇条書き可〉。

〇ペアワークで読んだ意見文の良いところ、見習いたいところを挙げよう

〇グループで意見文の良いところや見習いたいところを共有しよう。

〇魅力を伝えるための工夫には、どのようなことがあるのだろう。

〈成果と課題〉

　本実践の成果は、生徒たちが取捨選択をしながら合唱曲の魅力を伝える意見文を書いたことです。歌詞分析やマッピング、構成メモ作成など多くの段階で協同学習を取り入れながら授業を進めました。そうすることで生徒たちは、自分一人では考えつかなかった分析や曲の魅力、論の展開の仕方に触れることができたと考えます。一言に「歌詞が魅力だ」と言っても、その魅力の理由付けは人によって異なります。生徒たちは、各段階での議論を通して、自分が考えていたことだけでなく、同じ班やクラスメイトの考えをはかりにかけ、どの観点を選び、その観点がなぜ魅力たりえるのかを考えることができました。多くの生徒が二つ観点を挙げていました。ほとんどの生徒が歌詞を挙げていましたが、もう一つは、ハーモニーやリズム、伴奏、時期など、様々なものを各々が選んでおり、多様な観点から魅力を伝える意見文を書くことができていました。

　一方で、その観点の多様さが、班や全体での議論の際に論点が拡散してし

まう一因になってしまいました。曲のどこに魅力を見出すのかは人それぞれ
であり、授業者としては生徒たちにその多様性を実感してほしかったため収
束する方向に進めませんでした。観点を絞って議論を進めれば、その観点に
おいてはさらに深まった文章を書くことができていたと思うので、意見文の
内容によって、多様性を認めた議論と観点を絞った議論とを使い分けていけ
ればと思います。

（3）１年間の成果と課題

　１年生の学習で目指したのは、LW の「話題」「主張」「理由」というフレー
ムの習熟です。書く活動や LW の例題への取り組みだけでなく、教科書の
教材でも LW のフレームを意識した読解の授業を行うことで、他の教材で
も「話題」や「主張」、「理由」にあたる箇所はどこかということを授業の中
で考える生徒の姿がみられました。授業中に折に触れてフレームを意識させ
る問いかけをし、生徒たちが文章を読み書きする際や、話をする際にフレー
ムを用いようとする素地を、今後も培っていきたいと思います。

　１年間の実践を通して、生徒たちの中にある程度 LW のフレームが定着し
たのではと思っています。構成メモを作成する時の様子を見ていても、実践
３の時の方が「話題」を問いで立てている生徒は増えていましたし、相互評
価のコメントを読んでいても、「話題」「主張」「理由」のつながりに対する
意識は、高まっていました。意見文のつくりを繰り返し問い、書く実践、読
む実践の中でこのフレームを意識させることを積み重ねたことがこの結果に
つながったのだと思います。

　課題は評価の方法です。二度の意見文を書く実践において、評価の観点が
形式的なものにとどまってしまいました。「話題」を問いで示すことができ
ているか、「話題」「主張」「理由」を盛り込めているかなどについてはほと
んどの生徒ができていました。そこからさらに踏み込んで、生徒たちにお互
いの文章の質的な面を検討させるための評価の観点を示せるよう、今後考え
ていきたいと思います。

　実践 2、3 ではどちらも他者の意見文を読んでのコメントや感想を書かせ

ました。生徒たちはそれを読み、思い思いに自分の書いた文章のうまくいったところや改善するところを内省していました。この活動をしたことは、自分の書いた意見文が他者にどう受け止められるのかを知ったり、相手の意見文を読んでどのような良い点や課題を見出すかを経験したりする上で有効であったと思います。時間的な余裕があれば、教員が一人一人の意見文を添削し返却したいところですが、そこまでの余裕が授業者になく、誤字脱字のチェックと、良い部分に線を引くにとどまってしまいました。生徒の作品をどのように扱うのかについても、今後の課題として考えていきたいと思います。

56

2 中学2年生での実践

杉本雅子

　中学1年生では、LWの「はじめに」、第一章、第二章、第三章を学びます。それを受けて中学2年生では、中学1年生で学んだことの復習をし、第四章の「理由」を重点的に学習します。そして中学3年生では第五章、第六章を学び、中学校でLW第二部までを完了することを国語科全体で取り決めています。

（1）年間授業計画

　中学2年生では主に光村図書『国語2』の教科書を使い、教科書の目次の順番に従って授業を行なっています。LWは副教材として必要なときに持参して使います。中学2年生の国語の授業は、週4時間です。これは中学3年生の授業が週3時間であることに比べれば、ややゆとりがあります。そこで、LWを使って意見文を書く機会をできるだけ多く取り入れることにしました。以下に年間授業表を掲載します。ゴシック体で示してあるのはLWを使用した授業です。

〈年間授業計画表〉…使用教科書『国語2』（光村図書）

国語の授業は週4時間あり、1回の授業は50分間です。

月	教材	学習事項	評価方法
4	・詩「見えないだけ」 ・LW「第二章意見文のつくり」 ・LW「第三章「話題」と「主張」を書く」 ・LW「第四章「理由」を書く」 →実践1	・詩の中の論理性を意識して描写の順に注意し、作者の主張を読み取る ・意見文の要素について復習する ・「話題」と「主張」の性質を学ぶ	・定期テスト

5	・小説「アイスプラネット」 ・LW「第四章「理由」を書く」 →実践2	・登場人物の人物像や人間関係をとらえながら、主人公の心の変化を読み取る ・意見文を書く①	・授業者のコメント
6	・古文「枕草子」 ・説明「生物が記録する科学」	・冒頭を暗唱し、古人の感性に親しむ ・説明文を展開する方法を学ぶ	
7	・短歌「新しい短歌のために」「短歌を味わう」	・短歌の形式と短歌の解釈の仕方を学び、鑑賞する	
9	・小説「盆土産」 ・随筆「字のない葉書」 ・LW「第四章「理由」を書く」 →実践3	・登場人物の人柄や心情を読み取る ・エピソードから筆者の想いを読み取る ・意見文を書く②	・授業者のコメント
10	・論説「モアイは語る」	・問いを軸にした論の展開を読み取る	
11	・古文「祇園精舎」「扇の的」 ・古文「仁和寺にある法師」 ・漢詩・解説「漢詩の風景」	・音読を通して、古文のリズムに親しむ ・古典に興味を持ち、親しむ心情を養う ・漢詩に触れ、親しむ	
12	・詩「落葉松」 ・LW「第四章「理由」を書く」 →実践4	・文語定型詩を味わう ・意見文を書く③	・生徒相互評価
1	・評論「君は『最後の晩餐』を知っているか」	・著者の主張とその根拠を読み取る	

	・根拠を明確にして意見を書こう ・LW「第三章「話題」と「主張」を書く」 →実践5	・反論を取り入れた意見文を書く ・自分で「話題」「主張」「理由」を考え、意見文を構成する	・生徒相互評価 ・授業者のコメント ・定期テスト
2			
3	・小説「走れメロス」	・登場人物の人柄と心境の変化を読み取る	

　中学2年生では、LWの「理由」のパートに習熟することを目標にしています。説得力のある意見文にするためには、このパートの充実が欠かせません。どうしたら生徒たちは「理由」の部分をしっかり書くことができるでしょうか。それには、「理由」の「根拠」を豊富に持っていることが必要です。「根拠」とは、「主張」を支える事実のことです(LWp.73)。具体的には、著作物の記述、専門家の言葉、自分で観察したこと、調査結果、統計のデータなどをいいます。まずは各人が豊富な「根拠」を持つこと、そして「根拠」を取捨選択して「主張」を作り、「話題」「主張」「理由」を適切な順序で書いていくのに慣れることを中学2年生の目標としました。

（2）授業の実際

　1年間でLWを使った「書くこと」の授業を5回行いました。1回目(実践1)は、「第二章　意見文のつくり」、「第三章　「話題」と「主張」を書く」、「第四章　「理由」を書く」について、例題を考えながら読み進めました。2回目(実践2)は第四章の復習をして、「課題1　中学校での昼食はお弁当が望ましい。」(LWp.87)に取り組みました。3・4回目(実践3・実践4)は課題1に引き続き「課題2　マスコミは漢字使用制限を解除すべきだ。」と「課題3　救急車の利用を有料化すべきだ。」に取り組みました。5回目(実践5)は「書くこと」の総まとめとして、「環境問題に関する意見文を書く」ことを行ないました。これは勤務校で行っている総合学習の授業「総合人間科」での個人研究の成果を使って、国語の授業の中で意見文を書くことを試みたものです。

以下に1年間のLWの授業を実践した順番に詳述します。

| 実践1 | LW に基づいて書くための準備―第二・三・四章の要点 |

〈単元計画〉

回	学習内容	学習目標	学習方法
1	・LW「第二章」の振り返り ・LW「第三章」の内容説明	・意見文に必要な四つの要素を確認する。 ・「話題」と「主張」の要点を押さえる。	・口頭で答えさせる。 ・LWの要点のまとめと例題の記入欄を設けたプリント(A4両面1枚)に書き込みながら理解させる。
2	・LW「第四章」の内容説明	・「理由を示す文の形」「根拠」「暗黙の前提」「理由の種」などについて理解する。	・LWの要点のまとめと例題の記入欄を設けたプリント(A4両面1枚)に書き込みながら理解させる。

　中学1年生で第二章は学習しているので、意見文に必要な三つの要素はすぐに出てきます。しかし、「説明」は出にくかったように感じました。これは「説明」がLWに出てくる順番が遅く、まだ詳しく学んでいないためでしょう。まずは「話題」「主張」「理由」を確実に覚えてもらいます。

　最初の段階でぜひ触れておきたいのが、「話題」のとらえ方と「主張」の性質です。

　LWでは、「話題」と「主張」がかみ合っていることを重視しています。そのために「話題」を疑問文でとらえることを提唱しています(LWp.56)。LWの授業はもちろん、他の文章の読み書きにも使える考え方なので、何度も伝えるようにしています。

　「主張」の性質については、公共性があること、他の考えを持つ人も認めざるを得ないような内容であることが求められます(LWp.4)。「主張」は事実や個人の感想を述べるのではなく、他者への提案になるものだということを確認します。こちらも一度では身につかないので、折に触れて注意するようにします。第三章の要点を次のようにまとめました。

60

①「話題」は疑問文でとらえる。
② 伝えるときは伝える相手をまず考える。
③「主張」には公共性が必要である。
④「事実」と「意見」は区別して書く。

　第四章については、「理由」には根拠（メインの根拠）が必要なことを伝えました。「なかみの根拠」「つながり根拠」については、読んで、簡単に説明を加える程度としました。

実践2 ¹　多様な「理由」を見つける ―課題1　中学校での昼食はお弁当が望ましい。

〈単元計画〉

回	学習内容	学習目標	学習方法
1	・LW「第四章」（理由の種） ・他者との意見交換	・個人で「理由の種」を多く挙げる。 ・他者の多様な考えを知る。	・自分で理由を三つ以上考えさせる。 ・4人で1グループを作り、自分が考えた理由を発表した後、ワールドカフェ方式で、メンバーを交代し、他者と交流させる。
2	・構成メモ ・意見文の執筆	・自分が集めた理由を整理する。 ・最も納得できる理由を選び、意見をまとめる。	・前回のメモを整理し、何をどの順序で書くかを考えさせる。 ・「話題」「主張」「理由」の順に、200字で意見をまとめさせる。

　生徒に「理由の種」の多様性に気付かせるために、4人グループを作って意見交換をさせた後、ワールドカフェ方式で3回メンバーを入れ替えて意見交換を行ないました。このとき行ったワールドカフェ方式とは、グループにホスト役を1人残して話し合った内容を伝え、この人が司会進行を行い、そ

の他の人はそれぞれ別のグループに移動して、意見交換をする、という方法
です。

　考えやすい「話題」であったために、生徒は余裕を持って自分の意見を考
え、話し合いに臨んでいました。3回の話し合いを終えると各自の記録用紙
にはバラエティに富んだ意見が集まったようです。それは同様な意見でも、
表現の仕方や条件付けが違うと異なった意見に聞こえてしまったからかもし
れません。そういった表現の仕方の違いを知ることも含めて参考になる点は
多かったようです。

　意見文の執筆は、200字2段落構成で、という条件を課しました。生徒は
字数制限内でまとめて書くことができました。この活動を通じて、意見文を
書く手順は会得でき、意見文に対する親しみが持てたのではないでしょう
か。

　実践3　資料を活用して「理由」を考える─ 課題2　マスコミは漢字制限
　　　　を解除すべきだ。

〈単元計画〉

回	学習内容	学習目標	学習方法
1	・LW「第四章」(「理由」と根拠の考察)	・常用漢字と、マスコミの漢字使用制限について考え、「理由」と根拠を決める。	・常用漢字と、マスコミの漢字使用制限について授業者がまとめたプリントを参考にしながら、自分が感じている問題点を発表させる。
	・意見文の執筆	・最も納得できる理由を選び、意見をまとめる。	・「話題」「主張」「理由」の順に、200字で意見をまとめさせる。

　今回の課題のテーマとなる「漢字制限」は中学2年生にとってあまり身近
な話題ではありません。また、1時間という授業時間の制約もありました。
そこで授業者が、事前に「常用漢字とは何か」ということと、マスコミの漢
字使用制限によって起きている問題として、「交ぜ書き」(牽引→けん引、乖
離→かい離など)と「書き換え」(防禦→防御、煽動→扇動など)があること

を提示しました。生徒からは、本校の学校名に使われている「附属」が新聞では「付属」になっていることが挙げられました[2]。

　意見文の執筆は、200字で2段落構成という条件にしました。しかし、今回は200字以上書いた生徒が多数いました。200字でまとめきるには内容的に難しく、推敲する時間も足りなかったのかもしれません。

　マスコミの漢字使用制限に反対する理由の根拠として挙げられたのは、「交ぜ書き」・「書き替え」が最多でした。その他としては「専門的な用語や固有名詞が正しく記されない」ことでした。このことについて、どうして反対するのかという理由は、「熟語の意味が捉えにくくなる」「相手に対して失礼」「漢字表現の幅を狭める」「平仮名より漢字を使うほうが字数を節約して多くを伝えられる」「漢字が使えなくなる」などがありました。以下に生徒の意見文3例を挙げます。

【例1】

　マスコミに漢字使用制限は必要だろうか。私は漢字使用制限は解除すべきだと思う。
　理由は二つある。一つ目は、書き替えがあると本来の意味が変わってしまうからだ。漢字は表意文字なので書き替えた字の意味が、以前の字の意味と異なってしまう。二つ目は、交ぜ書きをすると単語として捉えにくいからだ。交ぜ書きで用いた平仮名とその後に続く平仮名と混合して分かりにくい。よって私はマスコミに漢字使用制限は必要ないと思う。(198字)

【例2】

　マスコミに漢字使用制限は必要だろうか。私は、解除するべきだと思う。
　理由は、漢字使用制限を解除すると、漢字の本来の意味が見直せるか

らだ。熟語の中には、漢字の一字一字の意味の組み合わせから成り立っているものが多くある。今、制限されていることによって、平仮名で表されているものの中にもそういった漢字や、熟語があるはずだ。それらを漢字で表すことによって言葉の本来の意味は見直せるのではないだろうか。（195 字）

【例3】

　マスコミに漢字使用制限は必要だろうか。私はマスコミは漢字使用制限は解除するべきだと考える。

　なぜなら、固有名詞を正しく表記できるからだ。人名に旧字体や人名用漢字が含まれている場合、制限があるとそれらをひらがなや別の漢字で表記しなくてはならない。そうすると、本人やその名前をつけた家族の方に失礼である。だから、マスコミの漢字使用制限は解除するべきだ。（173 字）

　【例1】は根拠とした「書き替え」と「交ぜ書き」を二つの理由として用い、それぞれの問題点を簡潔に書いて非常にコンパクトにまとめているものです。最後に「主張」を繰り返すことで、締まった文章になっています。

　【例2】は「話題」「主張」「理由」を最初に簡潔に述べ、根拠となる事柄として「交ぜ書き」のことを一般化して自分の言葉で説明しています。最後に「理由」を繰り返すことで、自分の問題意識を強く訴えかける文章になっています。

　【例3】は旧字体や常用漢字表に含まれない人名用漢字について考慮し、自分の考えを打ち出した意見文です。必要なことを簡潔に書き、最後に「主張」を繰り返し、強調しています。

64

実践4 「根拠」に基づいて自分の「主張」を決める―課題3　救急車の利用を有料化すべきか。

〈単元計画〉

回	学習内容	学習目標	学習方法
1	・LW「第四章」（理由の種） ・他者との意見交換 ・全体での振り返り	・個人で「理由の種」を多く挙げる。 ・他者の多様な考えを知る。 ・他のグループで出た意見を知る。	・自分で理由を八つ以上考えさせる。 ・3人で1グループを作り、マイクロディベートを行わせる。 ・自分のグループの意見を報告させる。
2	・LW「第四章」（構成メモの作成） ・意見文の執筆	・前回の振り返りを基に、構成メモを作成する。 ・納得できる「主張」と「理由」を選び、意見をまとめる。	・前回のメモを整理し、「話題」「主張」「理由」に書くことを考えさせる。 ・「話題」「主張」「理由」の順に、400字で意見をまとめさせる。

　今回は3回目の課題で、生徒も意見文を書くことに慣れてきたので、「主張」を各自で選ばせることにしました。意見文は次のような条件で書かせました。

　「話題」（救急車の利用を有料化すべきか）に対して自分の考えを肯定または否定の立場で400字〜800字の文章にする。
　①理由・根拠を2つ以上挙げること。
　②反論の想定（例：「確かに〜という考え方もあるかもしれない。しかし〜という理由から〜と考えるのが妥当である」）を入れること。

　「反論」については今後のLWの学習につなげたいと考え、意見文の要素として取り入れることにしました。
　最初に情報として以下のことを共有しました。

「救急車」とは

急病人や災害による負傷者など、救急処置を必要とする患者を病院まで運搬する特殊な自動車。1933 年神奈川県横浜市の山下町消防署に設置されたのが日本で最初である。内部には酸素ボンベ、担架、副木などの救急用医療用具が備えられている。この出動を要請するには電話で119 番すればよい。内部で手術をしたり、高気圧治療をすることができる特殊な救急車もある。1992 年救急救命士制度が発足し、これまで医師だけにしか許されなかった医療行為の一部が救急車内で行なえるようになった。（ブリタニカ国際大百科事典）

　その他は各人の既有の知識と情報を利用し、肯定か否定かを決めることにしました。
　「主張」を決める根拠を持つために、まずは自分で肯定・否定それぞれの「理由」をできるだけ多く考えさせました。その後、マイクロディベートを行いました。マイクロディベートのやり方は次のようなものです。ジャッジの役のときに、他者の意見の出し方を観察できるところが生徒には面白いようです。

　①3 人一組になり、A・B・C を決める。
　②次のように対戦する。（第1 〜 3 回をワンセットとする）

	肯定側	否定側	ジャッジ
第1回	A	B	C
第2回	C	A	B
第3回	B	C	A

※対戦が終わってジャッジがなされたら、簡単なシェアリングをする。

　③(時間があれば)メンバーを替えて対戦する。

　マイクロディベートの終了後、「救急車を有料化する」ことのメリットとデメリットをクラスで共有しました。これは、生徒が他のグループの結果を

知るとともに、授業者が各グループでどんな意見が出たのかを知りたかったためでもあります。生徒から出てきたメリット・デメリットと、それに対して出された(自由な)意見をコメントとして以下にまとめました。クラスごとに違う結果になったのが興味深いことでした。

【A 組】

	意見	意見に対するコメント
メリット	・国民の健康意識が高まる	→有料化されても、意識は高まらない。 →ますます救急車の利用料金が高額になる。
	・利用代金が集まり、救急車に使っていた税金を他に回せる。	→払わなかった人が得する。
	・重症者を助けられる。	
	・病院の設備が整う。	
	・無駄な呼び出しがなくなる。	→無駄かどうか見分けることはできない。 →軽い症状のとき、呼びづらくなる。
デメリット	・利用代が払えない人は放置される。	
	・救命士の仕事が減る。	
	・メリットが少ない。	
	・利用者が減り、もうからない。	
	・お金がある人は症状が軽くても救急車を呼ぶ。	

【B 組】

	意見	意見に対するコメント
メリット	・電話回線が混みづらい。	→影響は小さい
	・渋滞が減る。	→影響は小さい
	・CO_2 削減。	→影響は小さい
	・救急車が有料なのは世界基準。	→無料なのは日本のよいところ。 →フィンランドではいたずらが減り、到着が早くなった。
	・救急隊員の負担が減る。	→雇用が減り、貧富の差が拡大する。
	・公共機関(病院や国)がもうかる。	
	・軽い気持ちで呼ばなくなる。	

デメリット	・人を助けるという本来の目的に外れる。	
	・救急車に回していた予算が他の無駄な政策に使われる。	→救急救命医療に使えばよい。
	・呼ぶことを迷っているうちに重症化する。	
	・呼ぶべきなのにお金を気にして呼ばない。	→人権が尊重されない。
	・貧富の差が拡大する。 ・お金による差別が生まれる。	→収入により利用の負担額を変えればよい。

　肯定・否定の立場を自由に選択させたところ、A 組が肯定側 27.8％、否定側 72.2％、B 組が肯定側 39.5％、否定側 60.5％、平均すると肯定側 33.8％、否定側 66.2％でした。おおよそ現状を肯定する人が 3 分の 2、現状を変えたい人が 3 分の 1 というところでした。

　メリット・デメリットを考える中で、救急車の有料化の目的を明確にすることや、細かい条件設定（料金をいくらに設定するか、誰が支払うのかなど）が欲しい、それによって肯定・否定どちらを取るかを決めたいという要望が出てきました。確かにそうですが、必要な条件があれば自分で付け加えることにして、このまま意見文を書かせました。時間の余裕があれば、ディベートによって生じた疑問を調査すればよかったと思います。事実を知れば自ずと立場は決まってきたことでしょう。また、論じる範囲（国、都道府県、市町村など）を自分で決める必要性についても触れておけばよかったと思います。

　マイクロディベートによって、次のような感想を述べた生徒がいました。

　・「救急車の有料化」という身近な問題でもディベートをすることで「そのお金はどこへ行くのか。」だったり、「今の救急車の発動の仕組みはどのようなものか。」といった疑問がたくさん浮かんだ。これからもこのような機会があればさらに発展させて調べてみたいと思った。

　この生徒はマイクロディベートの中で感じた疑問を、意見文に根拠として取り入れました。疑問を調査する時間は取りませんでしたが、既有の知識と自分が感じたことをうまく使い、十分に説得力のある意見文が書けています。

　救急車の利用を有料化すべきか。私は救急車の利用を有料化すべきではないと考える。そう考える理由は主に2つある。

　第一に、救急車は無料で呼べることが「当たり前」のことと人々に定着していると思うからだ。もし、救急車を有料化してしまうとその定着した考えが壊れることになる。そうなると、人々は万が一のことがあった時に、その新制度にとまどったり、最悪の場合、利用をためらってしまうのではと思った。

　第二に、その「当たり前」が崩れることで細かい制度の制定などをしなければならないからだ。私は救急車の利用の有料化を考える上で、以前道端で見知らぬ人が倒れてしまった時の事を思い出した。その時、私は車に乗っていて何をすることもできなかったが、道を歩いていた人が慌ててかけより、救急車を呼んだ。すぐに救急車は来て、その人は病院へ運ばれていった。もし、このようなケースで救急車を呼ぶ時、有料化だったら（注：有料化されたら）誰が支払うことになるのだろう、そんな疑問が浮かんだ。実際に呼んだ人が払うのか、もしくはその場合は無料になるのかなど、色々な方法を考えたが、どれがだ当（注：妥当）なのかわからなかった。このように、単に「有料化」といっても、細かい事例に対応させたルール作りが求められるのではと思った。また、ルールが決まってもそれが人々に受け入れられるかは別問題なので、有料化の難しさを感じた。

　これらの2つの理由から、私は救急車の利用を有料化すべきではないと思う。確かに、政府や病院の収入源が増えるという良い面もあるとは思うが、今現在、無料だから呼べるという考えが定着している日本では、有料化は人々には受け入れ難いのではと思った。もし、絶対に有料

化しなければならない、したいというならば、まずは人々に救急車発動の仕組み、事例に対応した料金設定などの説明を政府や病院がする必要があると私は思う。(765字)

実践5　自分で「話題」「主張」「理由」を設定する―環境問題に関する意見文を書く

〈単元計画例〉

回	学習活動	学習目標	学習方法
1	・構成メモを作成する。	・自分の総合人間科の研究を振り返り、「話題」「主張」「理由」の要素を決める。	・各自の研究集録原稿を見ながら、ワークシートに記入させる。
2	・他者の意見文への反論を考える。	・他者の意見文の骨子を聞き理解したうえで反論を考える。	・4人グループになり、互いに反論を考えさせる。
3	・グループごとに反論を出し合い、答える。	・他者から反論をしてもらい、それに答える。	・4人グループで互いに反論をしてもらい、答えることをした後、数グループを選び、全体の場で発表させる。
4	・構成メモを基に意見文を書く。	・「話題」「主張」「理由」に加え「反論」を取り入れて書く。	・原稿用紙に600字から800字で書かせる。
5	・意見文を読み合い、意見交換をする。	・他者の意見文を読み、コメントを書く。	・4人グループで意見文を読み合った後、他グループと意見文を交換して読み合う。

　教科書には一年の終盤に「根拠を明確にして意見を書こう―意見文を書く―」という活動が設定されています。その中で、環境問題について600～800字の意見文を書くことが課題となっています。そこで、今までに身に着けたLWで学んだ内容を活用しようと考えました。

　教科書では、意見文を書く手順は次のように紹介されています。

①課題を決める。

②意見と根拠を明らかにする。

　　ⅰ情報を集め、自分の意見を決める。

　　ⅱ意見を支える根拠を絞る。

　　ⅲ反論を想定し、意見を深める。

③構成を考え、意見文にまとめよう。

④意見文を読み合って話し合おう。

　教科書とLWでは用語は異なっていますが、教科書の「課題」をLWの「話題」に、教科書の「意見」をLWの「主張」に置き換えれば、今までのLWの学習をそのまま応用することができます。しかし、上の手順②ⅲに出てくる「反論」は生徒にとってはほぼ初めての要素です。「反論」については、LWでは第六章（5「反対意見」を予想する）（pp.123–124）で扱います。今回は、「理由」のパートを充実させる目的で「反論」を書くことに挑戦しました。

　また、意見文の内容については、各人が総合学習の授業で1年をかけて取り組んできた個人研究の成果を活用しようと考えました。中学2年生では、「生命と環境」という大テーマの下で各人が自分の興味関心に基づいたテーマを設定し、1年をかけて個人研究テーマを追究します。その一環として全員がテーマに関連した専門の方にインタビューを行なうフィールドワークを行なっています。1年の最後には個人研究のまとめとして、2800字程度の文章を書き、学年の文集を作成します。この活動が完結した時期だったので、各人が語ることができる内容を持っていました。

○第1回

　この時間は構成メモの作成をします。ワークシートに「話題」「主張」「理由」を書かせました。生徒たちは個人研究の成果は持っていましたが、多くは調べたことや聞いたことをまとめたもの、いわば説明文です。それを根拠として使い、自分がどんな意見（公共性のある提案）が言えるのかを考える

のは、難しい生徒も多かったようです。特に、進化、オーロラ、異常気象などのテーマからは「主張」が作りにくく、意見文を書くために別の「話題」と「主張」を設けた生徒もいました。そうでなくても、提案として「主張」をするのではなく、感想や価値、事実を述べたものが多かったのです。そこで、「主張」の文末表現を「〜べきだ」の形にするようにアドバイスをしました。

　授業内に生徒の構成メモをすべて見ることはできなかったので、授業後に提出された構成メモを見て、次のような基準で評価をしました。この評価基準の票を作り、該当する箇所の□にチェックを入れ、次の時間に生徒に構成メモと共に返却しました。それを参考にして構成メモを書き直してもよいと伝えました。その後「話題」と「主張」を練り直した生徒が何人かいました。

「構成メモ」　主張の評価

B　　□　話題と主張がかみ合っていない。

　　　□　話題と主張がかみ合っているが、提案ではなく、感想。

　　　□　話題と主張がかみ合っているが、誰もがそう思うような目新しくない主張。

A　　□　話題と主張がかみ合っているが、もう少し詳しい説明があった方がよい。

A＋　□　話題と主張がかみ合っていて妥当である。

※「主張」はできるだけ小さく分割したことを提案するとよい。読んだ人が、何に着手したらよいかイメージできることを「主張」にしよう。
　例）資源を大切にしよう。
　→消費電力を抑えるために、部屋を出るときは消灯を心がけよう。

○第2回

　ここからは4人グループで活動をさせることにしました。4人は個人研究

のテーマ領域が比較的近い者を集めました。このグループでメンバーに個人研究の概要を話し、反論を考えてもらいます。このとき、各人の意見文の構成が理解しやすいように、クラス全員の構成メモを印刷してクラス全員に配布しておきました。

　自分の研究を紹介する過程で、自分の「暗黙の前提」(pp.76-77)に気付いたり、構成メモに書くべきなのに抜け落ちていたことに気付いたりすることができました。

　一方、他者への「反論」を考える過程では、苦戦したようです。相手の研究内容を理解するのが難しいことや、「反論」ではなく、質問になってしまうことも多くありました。「主張」によっては、「反論」ができないものもあると思います。ここでは厳密に「反論」を求めずに、意見を精緻化する質問が出ればよしとしました。そんな中でも、「つながり根拠」と「なかみの根拠」(pp.74-75)を意識すると「反論」が考えやすいと気付いた生徒もいました。

○第3回

　この時間は、前半は4人グループでお互いに「反論」し、それに答えることをしました。

　後半はいくつかのグループに前に出てきて実演[3]をしてもらいました。実演の候補者として授業者が事前に考えていたのは、「話題」と「主張」がしっかりしているもの、「反論」が複数出ているもの、どう答えるのかが気になる(知りたい)ものを中心に選ぶということでしたが、当日はグループの話し合いの様子を見て柔軟にその場で選びました。

　実演があったことは、活発な話し合いができたグループにも、「反論」があまり出なかったグループにも刺激になったようです。以下に生徒の感想を挙げます。

・質問(反論)の仕方が班によって違っていた。Aさんの答え方がずっしりしていて落ち着いていてよかったと思います。(注：Aさんの答えは内容もしっかりしていたうえに、答え方も堂々としていました)

・他のグループの発表を聞いたことで、他の視点からの意見を知ることができた。

・主張と根拠にスキがあると突っ込まれやすいな、と思った。理由（根拠）は多いほど反論されにくい。他のグループの反論は自分たちのグループと違う系統だったのでおもしろかった。

・皆が今世界中で問題になっていることや気になっていることを議論していて、見ていてとても勉強になった。また、自身の考えたことと似ていた人もいたので嬉しかった。

○第4回

構成メモを見ながら800字詰め原稿用紙に意見文を書きます。

ここでは一人の生徒の意見文を紹介します。なお、文章中の下線部は引用者によるもので、他者の反論を取り入れた箇所です。

今、医療界で医者たちを苛む深刻な問題が起きている。日本人の死因第一位に「肺がん」が上がったのだ。僕はその「肺がん」の手術について調べ、フィールドワークに行き、理解を深めた。

肺がんの手術にロボット技術を導入すべきなのか？

僕は、"積極的に" 導入すべきだと思う。

そう言える根拠として、「ダ・ヴィンチ」というロボット技術がある。遠隔操作で手術を行うことができ、これを用いると一円玉より小さな折り紙で鶴を折ることができる。より緻密な手捌きが求められる肺がんの手術においては、とても有能な技術であると言える。

しかし、ロボットは信用できないという人もいるかもしれない。だが、手術を執刀する人によっては、手術が思い通りにいかないことがある。手が震えてしまうのだ。ロボット技術は、ミスが少ないので、信用できると思う。しっかりと性能を確かめてから、信用をするようにして欲しい。それでも、患者によっては、機械独特の冷たさを感じてしま

い、気分を落としてしまう人もいるかもしれない。けれど、結局患部の手術へのロボット技術の導入の是非は患者が決めるので、それぞれの人に合った手術の仕方を選ぶのが大切だと思う。患者の意志を聞かずに無理に導入してしまうとあまりにも残酷なので、そのやりとりは、しっかりとコントロールしていく必要があると考える。

　近年、医療技術は急速に発展を遂げており、それと共に最先端のロボット技術なども発展を遂げている。これからは、より広く、そのロボット技術の信頼性を高めていくことが重要だと思う。

　このようなことから、僕は肺がんの手術にロボット技術を導入すべきと考える。（677字）

　この意見文は手術支援ロボットをテーマにしています。「話題」と「主張」がはっきりしています。「理由」には、ロボットの正確性を取り上げ、専門家にインタビューして知った折り鶴のエピソード（根拠）で補強しています。また、自分で想定した「反論」は、「ロボットでは信用できないのではないか」でした。このことに加え他者から寄せられた、「患者によってはロボットによる冷たさを感じたりして好まない人もいるが、どうするのか？（文中の下線部）」という「反論」を取り込んで、この部分を厚くしています。その「反論」に対して「患者の意志によって選択できる」と、患者の意志という新しい視点を導入して答えているところが優れています。

○第5回

　前時に書いた意見文を、4人グループで読み合います。その際、一言コメントを作文の下に書いてもらいます。その後、他グループとも意見文を交換して、多くて7人からコメントをもらいます。これを相互評価としました。

　前に掲載した意見文に対するすべてのコメントは以下のようなものでした。

・「ダ・ヴィンチ」を例として挙げていたり、始め方もきっかけからだっ

たのでとても読みやすかったです。（注：「始め方」とは、「意見文の書き出し」のことでしょう）

・字がきれいでよかったです。

・機械が嫌な人に強要せず、回避策も提案するところが良いと思います。

・具体的な例を挙げていて分かりやすいし、反論に対する意見がしっかりしていてよかったです。

・反論者の考えも取り入れたまとめを書いていた。

　コメントをする際の注意として、「良いところを書くように」という以外は特に観点を示さなかったので、コメントが表面的な評価にとどまっている場合もあります。しかし、生徒は概ね意見文の内容に関することでコメントを書いています。生徒全員が構成メモの作成から始まり、同じ過程を経て、「話題」「主張」「理由」「反論」「主張」の順序で書いた意見文は、たとえ違うテーマであっても読みやすく、生徒たちは自分の思考の過程に重ねて他者の文章を読むことができたようでした。

〈成果と課題〉[4]

　成果は二つあります。

　一つは、全員が違うテーマで意見文を書いたことにより、生徒が多くの情報を知ったことです。環境問題というテーマはマンネリになりやすいのですが、全員が違うテーマを扱っているため、新鮮な気持ちで他者の意見文に向き合い、様々なことを知りました。これは今後、環境問題について考えるうえでの情報提供になります。

　もう一つは、生徒が「反論」の効用を実感できたことです。

　「反論」を他者と協同して考えることにより、自分の意見文の不備（思い込みや矛盾）に気付きました。そして今後、意見文を書くときは自己の中で対話しながら「主張」、その「反論」、それを乗り越える視点を考えることができるでしょう。また、「反論」を考えるうえで、根拠の領域の違い――経済、倫理・道徳、政治、法律（法的な問題）、科学的な事実など――を意識し、ど

の領域から「反論」を述べるのか、それが「主張」とどうかかわっているのかを考えさせることができました。

　一方、課題も二つあります。

　一つは、「話題」と「主張」の作り方をどう指導するか、です。この骨格がしっかりしていないと、表面的な表現、文字数を費やしただけの意見文になってしまいます。環境問題の意見文では、「話題」と「主張」が問いと答えになるというつながりだけでなく、問題と解決になっているかを確かめる必要がありました。また、問題点を生徒だけでは見つけ出しにくい場合があります。その時は対面して生徒に聞きながら、意見文に書きたいことを汲み取って問題を焦点化するしかありません。時間も根気も必要なので多くはできませんが、数名だけでも行ないたいものです。

　もう一つは、生徒の「反論」することへの心理的な障壁をどう取り除くか、です。「反論」することに対して、相手に悪い、とか、気が引ける、かわいそうといったネガティブな反応も数名ですが見られました。今回は、テーマが、相手が１年かけて追究してきた内容だったということもあるでしょう。それを面と向かって反論はしにくかったかもしれません。「反論」を全体の場で取り上げるときには、最初のうちは「反論」を言うことを無理強いしたり、深追いしたりしないなどの配慮が必要だと思います。「反論」が思いつかない場合は、「読んでみて引っかかった部分の質問」でも構わないと声掛けをするのもいいと思います。論を精緻化するのに資するからです。一方、「反論」についての苦手意識は、自分も反論を受けたくないという気持ちの裏返しでもあるでしょう。今後は教室を、人格を否定せず「反論」したり、素直に「反論」を受け止めることができたりする場にしていきたいものです。

（3）1 年間の成果と課題

　この１年間は「話題」「主張」「理由」を備えた文章を書けるようにすることを目標に、中でも「理由」の部分を充実させることを目指しました。それを他者との協同によって達成したいと考え、ワールドカフェ方式の話し合い

やマイクロディベート、「反論」を考え合う活動などを取り入れました。この成果として、生徒は意見文を書く過程を学び、意見文の型を自分のものにしました。それは、生徒が意見文の型を行事の作文にも取り入れてみたいと発言していることからも感じ取ることができます。今後、意見文の型を、自分の考えを整理することや文章の読解、スピーチ内容を決定する方法として日常的に活用してもらいたいと思います。

　課題については、二つあります。生徒作品への対応と評価の基準についてです。

　まず、生徒作品への対応ですが、一番良いのは授業者が一人一人の作品にコメントを付けて評価と今後に向けてのアドバイスをすることでしょう。しかし、生徒作品の内容や分量により、読んで言わんとすることを理解するだけで時間がかかり、そのうえ全体の作品を見通した公平なコメントをある程度まとまった量で書こうと思うとどれだけ時間があっても足りないほどです。これができるのは年に１度か２度でしょう。この上限を考えて生徒への課題を出すようにしたいと思います。しかし、書くことは頻繁に行わせたいものです。丁寧なコメントができなくても、時間がない場合は、一言コメントや、感心した部分に線を引く、検印を押す、というだけでもよいと考えています。

　評価の基準については、中学２年生では、字数を満たしているかということと、意見文の要素が書けているか、という形式的なことにとどまりました。生徒の作品を読むと、ほとんどの作品は基準を満たしています。生徒は面倒だと言いながら、自分の考えを書くことを好み、十分に読み応えのある文章を書きます。それを一歩進めて質を吟味するためには、どんな基準を設ければよいのでしょうか。それを考えて内容面での基準を作って提示し、生徒と共有することが必要です。そうすれば生徒も文章を書きやすくなり、書いた作品を生徒間で評価もできるようになるでしょう。

注

1　実践2　この実践についての詳細は、『指導と評価』（日本図書文化協会）2018 年 12 月号 pp.36–38 をご参照ください。

2　「附」は常用漢字表にある字種ですが、新聞用語懇談会が使用しないことを決めた 7 字のうちの一つです。他に虞・且・遵・但・朕・又があります。『「改訂常用漢字表」対応新聞用語集　追補版』2010 年　新聞用語懇談会編（日本新聞協会）

3　実演を見ることも生徒の学びになるというのは、藤村宣之氏（東京大学大学院教育学研究科教授）から教えていただいたことです。「反論」が出ない、答えられない、ということにも意味があるとお聞きしました。筆者は、「意味がある」とは、うまくいかない例を客観的に見ることによって新たな考えがわくことだととらえています（もちろん、温かい目で見る必要があります）。例えば、実演されているケースに対するアイディアが出てきたり、自分達のケースにも生かせる発想が出てきたりするということです。

4　第 3 回の授業は、「名古屋大学教育学部附属中高等学校　SGH　4 年次研究成果発表会」の公開授業で行いました（2019 年 2 月 8 日）。終了後の授業検討会で渡邉雅子氏（名古屋大学大学院教育発達科学研究科教授）から貴重なご助言をいただきました。

3　中学 3 年生での実践

加藤直志

（1）年間授業計画

　勤務校では、『国語 3』（光村図書。以下「教科書」と表記する。）を教科書として採用しており、この教科書を中心にしながら、LW は副教材として活用しています。本節では、年間授業計画を紹介することで、学習指導全体のなかで、LW をどの程度使用したかがわかるよう、特に「書く」領域を指導する際に LW を使用した授業に関しては、ゴシック体で表記しました。

〈年間授業計画表〉…使用教科書『国語 3』（光村図書）

国語の授業は週 3 時間あり、1 回の授業は 50 分間です。

月	教材	学習事項	評価方法
4	・詩「春に」 ・小説「握手」 ・漢文「学びて時にこれを習ふ」	・読み方を工夫して朗読する。 ・登場人物の心境の変化に注意して小説を読む。 ・漢文に興味を持ち、親しむ。	
5	・話す聞く「社会との関わりを伝えよう」 ・説明「月の起源を探る」	・スピーチの練習をする。 ・説明の順序に注意して文章を読む。	
6	・**書く「文章の形態を選んで書く」** ・**LW「第五章」** 　□→実践 1 ・情報「「想いのリレー」に加わろう」 ・俳句「俳句を味わう」	・**読み手にとってわかりやすい文章・資料について考える。** ・情報発信について考える。 ・俳句について学ぶ。	・定期テスト ・授業内のテスト

7	・書写「身近にある文字を調べよう」 ・論説「「批評」の言葉をためる」 ・文法「一、二年生の復習」	・書写の応用について学ぶ。 ・哲学的な文章を読む。 ・口語文法の応用について学ぶ。	
9	・小説「高瀬舟」 ・詩「挨拶」	・読書に親しみ、さまざまなものの見方や考え方に触れる。 ・比喩や象徴的表現に注意して詩を読む。	
10	・小説「故郷」 ・論説「新聞の社説を比較して読もう」 ・古文「君待つと」 ・古文「おくのほそ道」	・登場人物の心境の変化に注意して小説を読む。 ・同じ話題について論じていても書き手ごとに論点や主張が異なることを学ぶ。 ・古典に興味を持ち、親しむ心情を養う。	
11	・論説「作られた「物語」を超えて」 ・話す聞く「話し合って提案をまとめよう」 ・**書く「説得力のある文章を書こう」** ・LW「第六章」 →実践2	・文章の構成や表現の方法について学ぶ。 ・効果的な会議のあり方について学ぶ。 ・**論理的文章の書き方について学ぶ。**	・授業内のテスト
12	・詩「初恋」 ・文法「文法を生かす・文法のまとめ」	・詩を味わう。 ・口語文法の総復習を行う。	
1	・書写「効果的に書こう」 ・ノンフィクション「エルサルバドルの少女　ヘスース」	・書写の活用について学ぶ。 ・読書に親しみ、さまざまなものの見方や考え方に触れる。	

| 2 | ・論説「誰かの代わりに」
・詩「わたしを束ねないで」 | ・哲学的な文章を読む。

・詩を味わう。 | |
| 3 | ・話す聞く「三年間の歩みを振り返ろう」
・書写「生活を豊かにする文字」 | ・中学校での学びについて発表する。

・中学校で学ぶ書写の総復習を行う。 | |

　中学3年生では、教科書の「文章の形態を選んで書く」とLWの「第五章 「説明」を書く」とを、「説得力のある文章を書こう」と「第六章　意見文をチェックする」とをそれぞれ関連づけて授業を展開しました。次節では、それぞれについての単元計画を紹介します。

（2）授業の実際
実践1　「説明」により、文章の精度を上げるための授業
〈単元計画例〉

回	学習内容	学習目標	学習方法
1	・教科書とLWの関わり	・文章の形態には様々なものがあることを学ぶ。 ・特に意見文を取り上げることを確認する。	・教科書で取り上げられている様々な文章と、これまでLWで学んできた意見文の共通点や相違点について理解させる。（主として教科書使用）
2 3	・LW「第五章」内容説明	・「説明」の必要性を知る。 （LW pp.95–97） ・「説明」の方法を学ぶ。 （LW pp.98–110）	・LWを読みながら、例題に取り組ませることで、「説明」の必要性や方法について理解させる。 ・4人グループを作らせ、生徒同士で話し合いながら、例題に取り組ませる。（主としてLW使用）

| 4 | ・LW「第五章」評価 | ・「説明」する「意見文」を書く。 | ・LW 練習問題を一部改変した評価問題に取り組ませる。 |
| 5 | | ・評価結果について理解を深める。 | ・答案返却時に、採点基準等について説明することで、なぜそのような評価になっているのかについて、理解させる。 |

○第1回

　1回目は、主に教科書を使い、教科書の「書く」領域の内容と、LW の内容の関連性について、講義形式で説明しました。

○第2・3回

　2回目以降に、LW「第五章」を使った授業に進みました。主な授業展開としては、節ごとに、生徒を指名し音読させ、教員が補足説明を行い、その後、例題に取り組ませました。生徒達に4人グループを作ってもらい、主に例題に取り組む際に、協同的な学習を取り入れ、理解を深めさせました。例題に取り組む際には、新たなプリントを作成することはせず、LW に付属の教師用資料に含まれるワークシートを印刷して配布、利用しました[1]。

○第4・5回

　4回目には、実際に「意見文」を書かせ、回収し、評価しました。返却する際、採点基準を説明した後、生徒一人一人に、なぜその点数になっているのか、簡単に説明しながら手渡しました。単元計画では、これを5回目としましたが、採点には一定の時間を要したため、実際には数時間後に返却しました。また、4・5回目は、LW の指導だけで1時間すべてを使ったわけではないこともお断りしておきます(この点、「第六章」の授業でも同様です)。

〈評価の詳細〉

①定期テストにおける評価の例

　第五章に関しては、定期テストにおいても出題しました。以下、実際に使用した問題を紹介します。100点満点のテストで、LWからの出題は8点分でした。ちなみに、勤務校で実践した際の学年平均点は5点でした。

　問1　LWでは、意見文を書く際に必要不可欠な要素として三つのものをあげている。それぞれ漢字二字で書きなさい。
　　　　【解答】話題・主張・理由　（完答2点）
　問2　LWでは、「説明」の方法として、「定義」と「解説」を学んだ。「定義」「解説」で異なる点を説明しなさい。
　　　　【解答】「定義」は厳密さが求められるが、「解説」の方はややあいまいでもよい。（2点）
　問3　LWでは、「解説」の方法として、「比較」を学んだ。次の「比較」は、どちらもあまり効果的ではないが、①よりも②の方がより不適切である。
　　　　次の（ア）（イ）の問いに答えなさい。
　　　　（ア）　①と②に共通する不適切な点を指摘しなさい。
　　　　（イ）　①よりも②の方がより不適切である点を指摘しなさい。
　　　　①名古屋市内で最も標高が高い山は東谷山であるが、エベレストよりは、だいぶ低い。
　　　　②奴隷解放宣言をしたリンカーンと明治維新に尽力した西郷隆盛では、西郷隆盛の方が立派な政治家である。
　　　　【解答】（ア）比較しているものの規模・内容が違いすぎる。（2点）
　　　　　　　　（イ）①は山の高さという比較の観点は同じであるが、②は同一の基準で「立派」さを判断できない。（2点）

　問1では、LW第二章で学んだ知識の確認を行い、問2では、LW第五章で学んだキーワードの理解を問いました。そして、問3では、「比較」とい

う方法をどの程度使いこなせるかを問いました。これは、LW 第五章の「4
「解説」の方法②──「比較」と「分類」」において、「比較」という方法に
ついて説明した例題 3 をモデルとした問題です。（ア）の正解率は高かった
のですが、（イ）になると正解率がやや下がりました。誤答としていくつか見
られたのが、「リンカーンは政治家だが、西郷隆盛は政治家ではないから、
比較の観点が異なる」という答えでした。西郷隆盛は武士であり、それを
政治家とは呼ばないという理解をしている生徒が一定数いるということが
わかりました（実はこの例文を事前に社会科の教員にも見てもらい、西郷が
明治政府の中枢にあったということは、社会科の既習事項であることを確認
済みだったのですが）。LW には、その題名の通り、論理的に文章を書くた
めのトレーニングが詰まってはいますが、この本で学ぶのと同時に、様々
な教科、あるいは教科外の知識や経験を身につけていかないと、結局、よい
文章を書くことは難しいわけです。ちなみに、名古屋市と瀬戸市にまたがる
東谷山の標高は、198m です。

　さて、以上のように定期テストでも出題しましたが、やはり実際に文章を
書かせ、それを評価するということも必要です。しかしながら、残る 92 点
分を採点し、定められた期日までに成績処理を行う都合上、あまり長い文章
を定期テストの中で出題することは難しいです。そこで、テストとは別の日
に通常授業のなかで、改めて一定の分量を書かせるテストを行いました。

②定期テスト以外における評価の例

　LW（p.112）掲載の練習問題をテストに利用しました。練習問題 1 までは、
授業中に扱い、練習問題 2 に取り組むというテストを実施しました。制限時
間を 20 分として実施しましたが、LW の練習問題 2 の「二つを選んで」で
はなく、「ひとつを選んで」とし、制限時間 20 分で一つの事柄について「説
明」を行うという評価問題にしました。また、LW と類似の問題が出題され
るということを生徒達に事前に告知し、考えをまとめておく時間を与えまし
た。事前に用意する余地があることを考慮し、LW の練習問題 2 では、「い
ずれか二つ以上」という指示だったのを、「三つ」にして出題しました。

> 　①〜⑤から<u>ひとつ</u>を選んで、それをあまり知らない人に向けて「説明」してみましょう。その際、「定義」「例示」「比喩」「比較」「分類」「経過」「言い換え」のいずれか<u>三つ以上</u>を使ってください（たくさん使えば点数が上がるというわけではありません）。また「説明」に使った方法を囲んでください。
>
> 　①平和　②マスメディア　③ペット　④ダイエット　⑤リサイクル

　解答字数は制限せず、解答欄として15行用意し、クラス・番号・氏名の記入欄および上記の設問を含めてA4用紙1枚に収まる程度の分量にしました。筆者が作成した評価の基準を以下に示します。

> 「説明」の方法を3つ以上使っているか（合計15点）
> ・1つ目について
> 　　適切に使っている　　　　　　　　　　　　（5点）
> 　　使ってはいるものの、やや不適切・不十分　（3点）
> 　　使ってはいるものの、かなり不適切・不十分（1点）
> 　　使っていない　　　　　　　　　　　　　　（0点）
> ・2つ目について
> 　　…以下同様
> ※以下は加点ではなく減点要素
> 　問題の指示に従っていない
> 　（「説明」に使った方法を囲んでいないなど）　マイナス1点
> 　漢字の間違い・日本語表現の間違い
> 　（同じミスは1回と数える）　1カ所につきマイナス1点

　事前に問題内容をある程度伝えてあったこともあり、学年全体の平均点は13.7点と、勤務先の生徒達の得点はかなり高かったです。理解度が高かっ

たということはよいことだと思いますが、テストとしては難度の設定が難しいとも感じました。採点する上で難しかったこととしては、やはり「適切」「不適切」の線引きの困難さでした。例えば、「ペット」の「定義」を書くのに、「家庭で飼われている動物」は「適切」で５点としましたが、「人間に飼われている」だけの記述では、いわゆる家畜との区別が曖昧ですから、「やや不適切」で３点としました。一方、「家庭で飼われている愛玩用の動物」とまで書く生徒もおり、もちろん５点与えましたが、そうなると「愛玩用」という意味合いの言葉がないものを３点、「人間に飼われている」だけを書いたものを１点とする採点基準もあり得ると思います。

　また、「定義」と「例示」のつながりに課題が残る解答もみられました。例えば、「平和」についての「説明」で、「争いがない状態」という「定義」には５点を与えましたが、それに続く、「例示」において、「例えば日本は平和である」と書いた生徒が複数いましたが、日本は戦争状態ではないものの、残念ながら人間同士の争いはあるので、「例示」としては３点とし、仮に「平和」の定義を「戦争状態にないこと」としておけば、この「例示」は正しく、５点を与えられると生徒に説明しました。

実践２　文章をチェックする目を養う授業
〈単元計画〉

回	学習内容	学習目標	学習方法
1	・教科書とLWの関わり	・説得力のある文章を書くことの大切さについて学ぶ。 ・文章を読み合うことで、説得力の有無について理解を深められることを知る。	・文章に説得力を持たせるために、教科書で取り上げられている様々な方法と、これまでLWで学んできた意見文の共通点や相違点について理解させる。（主として教科書使用）

2 3	・LW「第六章」内容説明	・意見文を「チェック（点検）」することの意義を学ぶ。（LWpp.115–116）・意見文を「チェック（点検）」する方法を観点別に学ぶ。（LWpp.116–125）	・LW を読みながら、例題に取り組ませることで、意見文を「チェック（点検）」することの意義や方法について理解させる。・4 人グループを作らせ、生徒同士で話し合いながら、例題に取り組ませる。（主としてLW 使用）
4	・LW「第六章」評価	・反対意見も考慮した「意見文」を書く。	・LW の練習問題を一部改変した評価問題に取り組ませる。
5		・評価結果について理解を深める。	・答案返却時に、採点基準等について説明することで、なぜそのような評価になっているのかについて、理解させる。

○第 1 回

　「第六章」も、「第五章」とよく似た授業を展開しました。まず、1 回目に、主に教科書を使い、教科書と LW の内容の関連性を押さえさせました。

○第 2・3 回

　2 回目以降、LW「第六章」を使った授業に進みました。「第五章」同様に、節ごとに、生徒を指名して読ませ、それに教員が補足説明を加えた後、4 人グループで、例題に取り組ませるという展開を取りました。こちらも、LWに付属の教師用資料に含まれるワークシートに記入させました。

○第 4・5 回

　4 回目には、実際に「意見文」を書かせ、5 回目にそれを返却しました。返却の際の説明事項も第六章と同様です。

88

〈評価の詳細〉

①定期テスト以外における評価の例

　学期末に行った第六章については、定期テストでの出題は行わず、授業内でテストを実施しました。LW（p.129）掲載の練習問題4を利用しました。第五章のテストの出来がよかったため、ここでは練習問題3に時間をとることはせず、実質的に3と4を同時に考えて書かせるということにしました。

---

　①〜③のいずれかを選び、自分の立場を決めて意見文を書いてみましょう。3の課題で考えた両方の立場からの「理由」を利用して、自分の対立する立場の意見も文章の中に取り入れ、あなたの立場がより望ましいことを説明してください。

①公共交通機関の優先席を廃止すべきだ。
②飢餓の国々に食料を送ろう。
③子どものしつけは学校でしてほしい。

　こちらも、解答字数を制限せず、解答欄として15行用意し、クラス・番号・氏名の記入欄および上記の設問を含めてA4用紙1枚に収まる程度の分量にしました。筆者が作成した評価の基準を以下に示します。

自分の対立する立場の意見とその理由を文章の中に取り入れ、自分の主張がより望ましいことを説明できているか（合計20点）
・自分自身の主張が書かれている　　　　　　　　　（5点）
・自分自身の主張を支える理由が書かれており、
　　適切な内容である　　　　　　　　　　　　　　（5点）
　　やや不適切・不十分な内容である　　　　　　　（3点）
　　かなり不適切・不十分な内容である　　　　　　（1点）
・自分自身の主張と反対の主張が書かれている　　　（5点）
・自分自身の主張と反対の主張を支える理由が書かれており、

適切な内容である　　　　　　　　　　　（5 点）

やや不適切・不十分な内容である　　　　（3 点）

かなり不適切・不十分な内容である　　　（1 点）

※減点要素は第五章と同様

　勤務校での学年平均点は 15.3 点と、第五章をテストした際よりはやや下がりました。これは、両方の立場の理由に言及させるなど、課題そのものが複雑であったためと思われますが、これくらいの難度でちょうどよかったのではないかとも考えています。減点対象となる要素として多く見られたのは、自分の立場と反対の立場をとる人の理由を説明できていないものや、そもそも課題をよく読んでおらず、ただ自分の意見のみを書いたものがありました。前者の改善策としては、協同学習を取り入れることで他者と対話する機会を持つことなどがあるかとは思いますが、同世代・同じ学校内だけでの対話では限界があるので、日頃から新聞を読むとか、読書をするといった習慣を身につけるよう促していくことが必要です。ここでも、単に「書く」領域の指導だけを行えば書く力が付くわけではなく、我が国の国語科教育において大切にされてきた、文学教材を含んだ「読む」領域の指導や、学校図書館を活用した読書指導などと関連させていくことが不可欠であるという点を主張しておきたいところです[2]。

（3）「書くこと」の領域以外の領域への応用例
①「話すこと・聞くこと」への応用例

　「書くこと」の他領域との関わりとして、真っ先に浮かぶのは、「話すこと・聞くこと」への援用です。例えば、教科書には「話し合って提案をまとめよう」という単元があります。課題を見つけるところから、グループごとに解決策を提案し、さらに話し合いの内容を振り返り、理解を深めるという内容ですが、他者を説得できるような解決策かどうかを検討する過程は LW「第四章　「理由」を書く」に、「振り返り、課題解決のために有効だったことや改善すべきことを」[3]まとめる過程は「第六章　意見文をチェックする」

に、そのまま重なりますから、「LWでやったように…」という説明をしながらスムーズに授業を展開することができるはずです。

②「読むこと」への応用例

　さらに、「読むこと」の領域にかかわる教材を扱う際にも、LWで学習した内容を使うことがあります。例えば、教科書所収の説明文教材には、「説明の順序に着目する」[4]、「論理の展開を捉える」[5] といった学習のねらいが書かれています。小久保英一郎の文章は天文学、山極寿一の文章は霊長類学に関するものであり、中学生向けとは言え、執筆者が自身の専門分野について論じているものです。そのため、LWに載っている基本的な文例に比べると内容が高度で、それに伴って、論理構造も複雑です。しかしながら、その難しい部分の理解を深めさせるために、「この文章の「理由」を支える「根拠」は何でしょう？」「筆者が、自身の「主張」に説得力を持たせるために、どのような「説明」を用いているでしょうか？」といった、LWの学習内容を前提とした問いかけや、それらを用いて教員が解説することで、生徒の理解の助けとすることもできます。

　また、物語などの文学教材は、一見、LWと親和性が低いように思われるかもしれません。しかしながら、例えば「物語や小説を読んで、内容や描き方を根拠にして作品を評価する」[6]、「なぜ、そうした設定になっているのか考える」[7] といった学習課題に取り組むためには、物語中の記述を「根拠」としながら「主張」を展開するといった論じ方が求められ[8]、この点でもLWで学んだ内容とつながっていきます。

注

1　LWの「本書を採用してくださる先生方へ」の記載事項をご参照ください。

2　藤村宣之は、「キー・コンピテンシー」や「21世紀型スキル」に言及しつつも、「汎用スキルを要素分解的に個々に獲得させるのではなく、（中略）統合的な力として育成すること」が重要であると述べています。（藤村宣之・橘春菜・名古屋大学教育学部附属中・高等学校編著『協同的探究学習で育む「わかる学力」──豊かな学びと育ちを支えるために──』2018年、ミネルヴァ書房、p.3）

3　「話し合って提案をまとめよう」p.172（教科書のページ数を掲載、以下同様）。
4　小久保英一郎「月の起源を探る」p.51。
5　山極寿一「作られた「物語」を超えて」p.165。
6　井上ひさし「握手」p.29。
7　魯迅（竹内好訳）「故郷」p.121。
8　このような授業の一例を、加藤直志・藤村宣之「中学校国語「少年の日の思い出」── 人物の心情について理解を深める ──」（藤村宣之ほか編著『協同的探究学習で育む「わかる学力」── 豊かな学びと育ちを支えるために ──』2018年、ミネルヴァ書房）において紹介しています。

第 2 章

高校での実践

1　短時間で基本事項を教える授業—高校 1 年生での実践

加藤直志

（1）授業計画

　ここでは、わずかな授業時間数で LW を利用する実践例を紹介します。勤務校は、スーパー・サイエンス・ハイスクールの指定を受けており、高校 1 年生で「SS 課題研究 II」（1 単位）という特別な授業を実施しています。この授業は、前期の「科学倫理」と後期の「数理探究」からなり、国語・社会・英語の教員が「科学倫理」を、理科・数学の教員が「数理探究」を担当しています。勤務校は、併設型中高一貫校であり、中学に入学した 80 名の生徒がそのまま高校に進学し、高校でさらに 40 名を加え、1 学年 120 名、3 クラスとなります。各クラスは 40 名からなるわけですが、この 40 名を 13 名程度の 3 グループに分け、国語・社会・英語の教員がそれぞれ担当する「科学倫理」をリレー形式で順に履修していきます。それらのうち、国語科教員が受け持つ 4 時間分の授業で LW を利用していることから、ここでは、その授業についてご紹介します。なお、これらの授業の計画立案とワークシート作成の大部分は、本書の共同執筆者でもある佐光美穂先生によるものであり、それをもとに筆者（加藤）が 2017 年度に行った授業であることを申し添えます[1]。

　まず、全 4 回の授業計画をお示しします。各回は 50 分の授業です。

回	授業内容	LW 対応箇所
1	意見文（小論文）の基本構造	第一部・第二章・第三章
2	論証の方法	第四章
3	著作権と要約・引用の方法	第八章、第四部へのブリッジ
4	意見文（小論文）執筆	

（2）授業の実際および評価

○第 1 回（ワークシート①②参照）

　勤務校（高校）の場合、附属中学からの進学者 80 名は中学段階で LW を使っ

て学んできていますが、高校から新たに入学した 40 名にとっては、ほぼ初
めて学ぶ内容です。クラスも混合になっているため、高校入学者への配慮を
しながら授業を進める必要があります。とは言え、中学段階で LW を使用
していない高校生を指導するというのは、多くの高校ではむしろ普通のこと
でしょう。ですから、本節で紹介する、LW の前半部分を要約した指導法は
ご参考になるのではないかと思います。

　さて、そのような前提がありますので、「SS 課題研究 II」の「科学倫理」
においても、LW 前半部分の復習を中心に授業を展開しました。第 1 回の
授業で使用したワークシートの項目は次の通りです。「【1】意見文とは？
(LWp.4)」「【2】意見に必要な要素 (LWp.41–)」「【3】「話題」と「主張」
を書いてみよう (LWp.55–)」「小論文執筆に向けての宿題」。

　まず、「【1】意見文とは？」において、LWp.4「「意見」とは」の内容を
説明しました。「公共性のある意見」の重要性について、社会生活において
重要であるということに加え、昨今の大学入試、特に AO 入試や推薦入試
などでは、このような「意見」を文章化する力が問われることが増えている
ということにも言及しました。

　「【2】意見に必要な要素」では、LW の心臓部ともいうべき点について、
さらに理解を深めてもらうため、意見文に必要な要素について確認しまし
た。LWpp.41–43 を参照しながら、「話題」「主張」「理由」「説明」につい
て、簡潔に説明したあと、LWp.50 の練習問題のような課題に取り組ませま
した。実際の授業では、「同学力なら、国立大学は低所得者層の子女を優先
して入学させるべきだ。」という内容の課題文を使いましたが、LW を初め
て利用する生徒だけを対象にするのであれば、LWp.50 掲載の練習問題をそ
のまま用いてもよいと思います。

　「【3】「話題」と「主張」を書いてみよう」では、第 4 回で実際に意見文（小
論文）を書かせるために、問いと答えにあたる、「話題」と「主張」を作るワー
クを行いました。LWp.58 の例題 1 とも関連しますが、いくつかのトピック
を例示し（インターネット・学力・アジア諸国との関係など）、選んだトピッ
クに関わる「話題」を作りだした後、それに対応する「意見」も書いてみる

ワークシート①

第1回 意見文の基本構造

1年 組 番【　　　　　　】

1. 意見とは？ (L.W. p.4)

ある事柄、問題点に対する【　　　　】で、次の二つの条件を満たすもの。

条件
1 一他の考えを持つ人も認めざるを得ない内容（　　　な内容）
2 一違う意見を持つ人も、この意見に従ってもらう価値がある内容（　　　のある内容）

その上で、意見が異なることは全く OK！

◆「意見」と呼びうる内容を一つ選ぶとしたらどれでしょう？
ア きのこの山とたけのこの里なら、やっぱりきのこの山でしょ。
イ ゼロ金利政策って何のことだろう。
ウ 誰もが通いやすいように、交通便利な場所に病院があってほしい。
エ 規制飲料は骨を溶かすから、飲まない方がいいよ。
オ 疑問な点は、いつでもメールで問い合わせください。
カ 万有引力の法則はニュートンが発見したものだ。

2. 意見に必要な要素 (L.W. p.41〜)

同学力なら、国立大学は低所得者層の子女を優先して入学させるべきだ。

→キーワードから公益性のある内容のような気はするけど…

この文が「意見」として認められるには、どんな内容を付け加えるといいですか？

意見文に必要な要素は次の4つ
・「1　」─中心になって論じられている「2　」＝疑問文で書く
・「3　」─「1　」の「4　」。最も言いたいこと。
・「5　」─「1　」をするとき、なぜ自分の考えが正しいか伝えるもの。
・「6　」─「1　」「3　」「5　」をわかりやすく伝えるもの。

＊実際の文章などでも1があいまいなものも多いけれど、みなさんが書く場合は、論点がぶれないようにするために、1を意識することを強くお勧めします。

◆次の文章から、「話題」「主張」「理由」を探してみよう。

近年、日本社会でも首都の世代間連動や、格差の拡大が話題になっている。格差の縮小に向け、どうしたらいいだろうか。私は、同学力なら、国立大学への入学に低所得者層の子どもを優先させるべきだと考える。

ある調査によると、東京大学では、入学者の8割の保護者が一部上場企業の部長職以上の役職にあるという。他の有名国公私立大学では多少割合が低いが、同じ傾向だ。これはさい頃から教育にお金をかけられる家庭の子どもが今の入試では圧倒的に有利であることを示している。

経済的な格差のせいに生まれた子どもも、努力次第でよい大学に進み、未来を切り開けるようにしないと、社会から希望や活力が失われる。国の税金で運営する国立大学こそ、格差是正のために有効な手段を打ち出すべきではないか。その一つの手段として同学力に、国立大学に低所得者層の子どもを優先して入学させることにしたらどうかと考える。

話題	
主張	
理由	

ワークシート②

3「話題」と「主張」を書いてみよう (L.W. p.55〜)

(1)「話題」を作ってみよう

◆次のトピックから、なるべくたくさんの「話題」を作ってみよう
1 インターネット　2 学力　3 アジア諸国との関係　4 環境保護
5 ペット　6 読書　7 マイナンバー　8 TPP

番号	考えた「話題」

◆グループで一つトピックを決め、どんな「話題」が出たか記録してみよう
選んだトピック番号（　　）

(2)「主張」を書いてみよう

(1)で書き出したものから、「意見」になりそうなものをピックアップして、その答え（予想でOK）を書いてみよう。

選んだ話題	
主張（複数書いてもよい）	

実際に文章にする（スピーチや討論する）際には、本当にその主張が正しいか、「理由」を調べて揃える必要はあります。

重要　小論文執筆に向けての宿題
今日のワークの要領で、最終課題で取り上げたい話題と主張の案を考えておきましょう。後で変更しても構いませんが、複数挙げておくと、変更したくなった時対応しやすいでしょう。

話題	
主張	

98

という学習をしました。LWp.56 の「「話題」は疑問文でとらえる」ことを確認した後、まずは各自で考えさせ、その後、周囲の生徒同士で意見交換させることで、「話題」と「主張」がかみ合っているかどうかを確認するよう促しました。

　授業の最後に「小論文執筆に向けての宿題」について説明しました。第 4 回に実際に小論文を書く際、何について書くか、「話題」と「主張」を各自で考えておくという指示を出しました。

○第 2 回（ワークシート③④参照）

　「話題」に基づいて「主張」を展開するためには、当然のことながら、「理由」や「説明」が必要になります。第 2 回および第 3 回では、この点について学習しました。第 2 回の授業で使用したワークシートの項目も紹介します。「【1】説得力のある「理由」の条件」「【2】「根拠」がありさえすればいいのか？」「【3】暗黙の前提について考える」「【4】説得力のある「理由」を構成してみよう」。

　「【1】説得力のある「理由」の条件」においては、「体育祭のクラス対抗リレーの選手は A さんがいい」という「主張」を納得いくものにするための「理由」の候補をいくつか例示し、納得のいく「理由」とそうでない「理由」とを分類させるワークを行いました。それを踏まえ、LWp.78 も参照しながら、「根拠の有無が「理由」の説得力に大きな影響を与える」ことや、「客観的に確認できる事実＝根拠」であることを学びました。言いかえると、具体例やデータといった「根拠」によって支えられた「理由」ほど、説得力が増すということを確認したということです。

　「【2】「根拠」がありさえすればいいのか？」では、「根拠」というものについて、さらに深く検証しました。「A さんは足が速いから」という「理由」は、「体育祭のクラス対抗リレーの選手は A さんがいい」という「主張」を導くためのものですが、これに具体的なタイム（記録）が「根拠」として加われば、論証としては強固なものになりそうです。ここでも「根拠」の候補をいくつか例示し、納得のいくものとそうでないものとを分類させるワークを

行いました。タイム(記録)の計測方法に問題があったり、長距離走の記録で
あったりするなど、たとえ数値が含まれていても、「根拠」として信用に値
しない場合もあることを学びました。特に後者の、「主張と根拠のつながり」
についての問題は、意見文(小論文)を書く際に、しばしば問題になる難しい
部分ですので、丁寧に説明することが大切でしょう。

　「【３】暗黙の前提について考える」では、「【１】説得力のある「理由」の
条件」について学習した際、「人気者のＡさんが走れば盛り上がるから」と
いう「理由」も候補に挙がっていたのですが、これを認めてよいのかどうか
という問題について考えました。要するに、リレーに勝つことを目指すので
あれば足が速いかどうかが重要ですが、リレーが盛り上がればよいという
のであれば、人気者を選んで走らせるというのも、「あり」でしょう。この
ような言語化されてはいないものの、議論する前提となっている考え方を、
LW では「暗黙の前提」(p.77)と呼んでいることを確認し、意見文(小論文)
を書く際にも注意すべきであることを学びました。

　「【４】説得力のある「理由」を構成してみよう」では、宿題として考えて
きた「話題」と「主張」に応じた、「理由」とそれを支える「根拠」をいく
つか書き出してみるというワークを行いました。「根拠」の示しようがない
「理由」もあるため、すべてがうまくいくわけではありませんが、「主張」の
説得力を高めるためには「根拠」によって支えられた「理由」の方が適切で
あり、数多く書き出すことで、そのような「理由」「根拠」を見つけられる
よう、促しました。一つでも見つけることができたのであれば、あとはそれ
らを文章化することで意見文(小論文)の完成、と言いたいところですが、「根
拠」を示すためには、具体例やデータが必要になります。自分でデータを集
めるためには、時間や労力がかかって難しいので(勤務校では「総合的な学
習の時間」にそのような活動も行いますが)、実際には、研究者や国・地方
公共団体などが公表している資料やデータを引用することになります。そこ
で、第３回の授業では、「引用」の仕方などを取り上げました。

100

ワークシート③

SS課題研究Ⅱ前期
はじめよう、ロジカル・ライティング

第2回　論証の方法

1年　組　番 [　　　　　　　]

前回の復習
・意見に必要な要素…3 [　] [　] [　] +1 [　]

今回の目標
・説得力のある「理由」の条件を知る
・一定の時間内でできるだけ説得力ある理由を構成してみる

【1】説得力のある「理由」の条件
◆次の「理由」に納得しますか？　できるものとできないものに分けてみよう。また、なぜそこに分類したかを説明してみよう。

主張：体育祭のクラス対抗リレーの選手はAさんがいい。 ＊1人100m走るリレー
① なんかAさん足速そうだから。
② 去年Aさん選ばれてたから。
③ Aさんの持久走のタイムがクラスで一番良かったから。
④ Aさんは陸上部に入っていて、短距離が専門だから。
⑤ みんながいいって言うから。
⑥ Aさんの50mのタイムが7.5秒だから。
⑦ 人気者のAさんが走れば盛り上がるから。
⑧ Aさんの50mを3回のタイムの平均が7.5秒で、クラス1位だったから。
⑨ 大間違いごっこをしてAさんが走っているのを見たけど、めっちゃ速かったから。

A. 納得！	B. 納得できない！
番号	番号
分類した理由	分類した理由

◆以上の結果から、より多くの人が納得できる理由にはどんな共通点がありますか？

1

+++Point+++
[　] の有無が「理由」の説得力に大きな影響を与える
[　] 的に確認できる（=誰もが同じ方法をとれば確認できる）事実 = [　]

＊「理由」と「根拠」の関係 (L.W. p.78)
「 　」…主張を導く最も重要、パートの名前
「 　」…「理由」のパートに含まれるべき材料

【2】[　] がありさえすればいいのか？
◆「根拠」のどのような違いが説得力の違いを生んでいますか？
主張：体育祭のクラス対抗リレーの選手はAさんがいい。 ＊1人100m走るリレー

1-① 50m走る3回のタイムの平均が7.5秒で、クラス1位だった。
1-② 50m走3回のタイムを手元のアナログ腕時計で計ったら、いずれも8秒かかっていないから。
1-③ 50m走のタイムの自己申告してもらった、Aさんは7.5秒だった。

2-① 先月のスポーツテストで、Aさんの50メートル走のタイムがクラスで一番よかったから。
2-② 先月のスポーツテストで、Aさんの持久走のタイムがクラスで一番よかったから。
2-③ 先月のスポーツテストで、Aさんのハンドボール投げの記録がクラスで一番よかったから。

＊「根拠」は [　] ものであることが必要。
「根拠」が [　] ことが相手に伝わる形で示すことも重要。→ [　] の出番
＊「根拠」と [　] との [　] がはっきりしているものがよい。
[　] を確かめるための自己チェック (L.W.p84)
その根拠は必ず主張に結びつくか？
その主張は他の根拠からも導けるものではないか？

2

ワークシート④

+++Point+++
「根拠」に問題がある、と感じる場合、多くは次のようなところがおかしい。

問題	対処
主張を説明していない	根拠と主張のつながりを補強する
事実関係が間違っている、または正しいかどうかがわからない	事実関係の正しさを説明する

詳しくはL.W.pp74~76の「サポート根拠」(なかみの根拠、つながり根拠) 参照

【3】「人気者のAさんが走れば盛り上がるから」という理由を無視できるか？
◆【1】の他の人の意見とこの人の基準とは、判断の基準が異なっているようです。どんな違いがありそうですか？

「人気者派」の人：リレーが [　] どうかを重視している

他の人：リレーの選手として適するかを重視している
　→リレーでクラスが [　] どうかを重視している

この違いは、[　] が異なることにより生まれている！L.W.pp76~78 参照

[　] の違いを突き合わせてみることで、お互いの意見の偏りに気づくこともできる。

【4】説得力のある「理由」を構成してみよう
手順 (L.W.pp79~87)
①「理由」になりそうなアイディア（「理由」の種）を書き出す
②有力なものに絞り込む…「根拠」はあるか
③「理由」をチェックする
　挙げた根拠のなかみは正しいか？
　その根拠は主張に必ず結びつくか？
　その主張は他の根拠から導けないか…そちらをメインの根拠にする必要はないか？
④あとは文章化するのみ！

3

最初の段落…話題（疑問文による問題提起）と主張（結論）
二つ目以降の段落…理由を述べる　根拠を複数組み合わせる場合は段落を分ける
最後の段落…理由の要点を加えて主張をもう一度繰り返す

◆第1回の複題を使って、「理由」を構成してみよう
自分で考えた話題
主張

①「理由」の欄を、番号を振りながら書き出す
これはダメだ…などと考えず、どんどん書き出すのがコツ

理由案	根拠案（左と対応させる）

②上に書き出したものから、「有力なもの」を選ぼう。番号に丸をつける。
客観的な根拠が用意できそうか、が目安。
③「理由」をチェックしよう
チェックポイント
□挙げた根拠のなかみは正しい
□その根拠は主張に必ず結びつく
□その主張は他の根拠から導けない
　→他の根拠からも導けるなら、そちらをメインの根拠に

4

○第 3 回（ワークシート⑤⑥参照）

　第 3 回もワークシートの項目に従って、授業の内容を紹介していきます。

　「【 1 】「議論」の効用」では、まず、あるテーマについて、「賛成」「反対」両方の立場からそれぞれの「理由」を考え、生徒同士で議論させるというワークを行いました。「人と議論することで、思考が深まる」ことを実感させ、「著作物などを利用することで、さらによい意見を生み出すことができる」ということを説明しました。同時に、著作物などを引用する際には、「著作権」についての配慮が必要であるということも述べました。

　それを受け、「【 2 】上手に引用しよう」では、LWp.187 を参照しながら、著作権法上、認められる「引用」について、確認しました。筆者がこの授業を行ったのは 2017 年の前期でしたが、ちょうどそのころ、京都大学の山極寿一総長が、入学式の式辞でボブ・ディランの歌詞の一節を引用し、その式辞が同大のホームページに掲載されたことに対して、日本音楽著作権協会（JASRAC）が問題視したものの、著作権法で認められる範囲内・方法であったため、結局著作権料は発生しなかったという報道があり[2]、授業の際に話題にしました。

　さて、LWpp.188–189 において、「引用」には、比較的短い部分を直接引用する方法と、要約して引用する方法があることについて学んだため、第 3 回の後半では、「【 3 】要旨・要約をしてみよう」という学習内容を設定しました。LWpp.140–141 を参照しながら「要約と要旨のちがい」や「要約のしかた」について確認した後、可動式ホーム柵（ホームドア）設置に関する課題文を使って、要旨・要約の練習をしました。これも、第 1 回の「【 2 】意見に必要な要素」で述べた通り、LW を初めて利用する生徒だけを対象にするのであれば、LW「第八章　要約や吟味、提案へ」掲載の例題などをそのまま用いることもできるでしょう。

　第 3 回の最後に、第 4 回で実際に書く意見文（小論文）についての予告をしておきました。第 1 回で課した宿題（取り上げたい「話題」と「主張」を考えてくる）をもとに、第 2 回で、それに対応する「理由」と「根拠」を書き出しました。第 4 回はこれらを文章化することで、この授業の評価を行うと

ワークシート⑤

SS 課題研究Ⅱ
「はじめよう、ロジカル・ライティング」

第３回　著作権と要約、引用の作法

１年　　組　　番（　　　　　　　　　）

【１】「議論」の効用

◆「日本は食品添加物の使用を禁止すべきか？」という論題に、両方の立場で「理由」を考えてみよう。（今回は明確な「根拠」が挙げられなくてもよし、とします）

＊食品添加物･･･食品を調理・加工・製造する際入れる物質。

禁止すべきという立場での理由	禁止すべきでないという立場での理由

◆上のメモを使って、ペアでマイクロ·ディベートをしてみよう。

ディベートの進め方

①禁止派立論（理由を２点まで整理して挙げる）
②禁止派への質問（①の内容に関して許容派からの確認のための質問）
③許容派立論（理由を２点まで整理して挙げる）
④許容派への質問（③の内容に関して禁止派からの確認のための質問）
⑤禁止派への反論（許容派から禁止派の挙げた理由が成立しないことを証明する）
⑥許容派への反論（禁止派から許容派が挙げた理由が成立しないことを証明する）

自分の立場：（　禁止すべき　・　禁止すべきでない　）←○で囲もう	
相手が挙げた理由	相手への反論
①	
②	

自分の「理由」に相手の反論がなければ１ポイントゲット。　　　最終得点[　　]点

1

◆さて、一人で考えたことと、ディベートしたことでは、どちらが考えが深まりましたか？

◆もし、ペアを組んだ人が、自分の発言の意図を変えて紹介したとしたら？

→著作物（思想や感情を創作として表現したもの）は守られる権利を持っています。

【２】上手に引用しよう（L.W.p.187～189）

（１）引用とは？

◆テキスト p.187 を見て要点をまとめよう

（　　　　）がまとめた（　　　）や（　　　）を、（　　　　　　　）を補強するために、自分の文章に取り入れること。

（２）引用として認められる条件

①自分の言いたいことに対して、どうしてもその人の表現が（　　　）な場合
②自分の表現が（　　）で、取り込む部分が（　　　　　　）の場合
③取り込んだ部分と、自分の表現がきちんと（　　　　）されている場合
④（　　　　　　）をきちんと示している場合
この①～④の全てを満たしている必要があります。

（３）引用の方法２種

①直接他の人の表現を取り込む　→　L.W. pp.188～189
　この時、**人の表現は表記まで含め、原文通り写すこと**
②他の人の表現を自分の言葉でまとめて取り込む　→　L.W. p.189
　もちろん、主旨を変えてはいけない
　うまく要約する技を身につけよう

＊ちなみに、上記「引用」の範囲を超えて他者の著作物を利用する場合は、著作者の許諾が必要です。

Figure 1　引用の概念図

2

ワークシート⑥

【３】要旨・要約をしてみよう

（１）要旨とは（L.W. p.140）

その文章の（　　　　）の部分を（　　　）でまとめたもの。

（２）要約とは（L.W. p.140）

その文章の（　　　）（　　　）（　　　）をまとめたもの。
複数の文になってよい。

（３）要旨・要約のまとめかた（L.W. p.142～150）

①その文章の「話題」「主張」「理由」を把握する（「話題」は明示されていない文章も多い）
　→話題、主張、理由　と下線を引いてみよう
②要旨は「主張」の部分を、要約は（「話題」）「主張」と「理由」を中心にまとめる
　→本文中の文そのままではつながらないところは、前後の表現を利用してつなぐ

◆次の文章の要旨と要約をしてみよう

最近、私の利用する名古屋市営地下鉄の駅で、可動式ホーム柵（ホームドア）を設置する工事が始まった。ホームに設けられている腰くらいの高さの金属の扉で、電車が停まると左右に開くタイプのものだ。国土交通省の平成 27 年 9 月時点の調査によれば、名古屋市営地下鉄全 87 駅中、2016 年 3 月現在設置されているのは 22 駅、約 25%の設置率だ。今後設置の計画はあるようだが、乗客の安全のために一日も早く全駅のホームに転落防止の柵を設置してほしい。どうにかならないものだろうか。

写真１　可動式ホーム柵

設置が進まない一番の理由は、設置費用の高さであるようだ。2015 年 7 月 20 日付の「日本経済新聞」の記事によれば、可動式ホーム柵を設けると、一駅当たり三億から、高いものだと十数億かかるとある。これほどお金がかかるものなら、一気に全ての駅で設置するのが難しいのは理解できる。ただ、現在は技術開発が進んで、可動式ホーム柵以外にも、昇降式ホーム柵という方式のものができている。これは従来左右に開閉する扉がロープやバーになっていて、乗降時に下がるようになっている。「週間東洋経済」2014 年 10 月 25 日付記事によれば、このタイプだと、設置費用はドアタイプの三分の二程度、維持費もかなり安くなるそうだ。また、このタイプは電車のドアの位置が変わっても対応ができる点でも優れている。

実際のワークシートには、Web 上にあった、昇降式ホーム柵の写真が載せてありましたが、著作権の関係でここには掲載することができませんでした。

写真２　昇降式ホーム柵

ロープやバーによる昇降式ホーム柵は、扉による可動式ホーム柵より構造が簡単なため、柵を越えて転落する危険が前者よりは高い。しかし、可動式ホーム柵でも、腰の高さであるため、柵越えの可能性がなくなることはない。一方、昇降式でも、乗降客が少なく、ホームの混雑が少ない駅なら、駅員の目も届きやすく、安全が保てるのではないだろうか。つまり、市営地下鉄の全駅を可動式にするのではなく、ホームの構造やホームの混雑具合に応じて昇降式を使う駅もあるようにしたら、より早い時期に全駅に設置することができるのではないか。

違う方式のホーム柵があることで決定的な不都合がなければ、駅により昇降式を採用することで、早期に全駅に設置してはどうだろうか。

（写真１は、筆者（加藤直志）が名古屋市営地下鉄桜通線御器所駅で撮影したものです）

3

（「話題」）「主張」「理由」をまとめよう。

話題
主張
理由（主なもの）

要旨をまとめよう（主張を中心に、表現を補って一文でまとめよう）

100 字で要約しよう。

4

いうことを伝えました。その際、「引用」を必ず用いること、採点する際に必要となるので、引用元の文献等も持参し、一旦、提出すること、国語辞典も持ち込み可であること、制限時間などを指示しておきました。これまでの学習の経過を踏まえて、第1回の宿題で考えた「話題」と「主張」では書きにくい、という場合はここでテーマを変更しても構わないということも伝えました。

○第4回（評価）

　第4回は、実際に小論文を書いてみる「テスト」です。これまで述べてきたとおり、課題を与えて、それについて書くのではなく、あらかじめ書く内容を各自で考えてきた上で、授業時（テスト時）に、解答用紙に書いて提出させるという方法を取りました。

> 問　各自で考えてきた「話題」に関して、自分の「主張」を論じなさい。
> 第3回で学習した「引用」を必ず入れることを条件とします。

　解答字数は制限せず、クラス・番号・氏名および上記の発問を含めておおよそA4用紙2枚に収まる程度の分量にしました。ただし、おおよその段落構成および文量は指定し、「話題と主張（話題は疑問文）」で7行、「理由（根拠が複数ある場合は一つの根拠ごとに段落を分ける）」で20行、「最終段落（理由のキーワードを入れ、もう一度主張を繰り返す）」で7行としました。引用元となる文献やWebページをプリントアウトしたもの、それらのコピーおよび国語辞典は持ち込み可とし、制限時間35分としました。テスト終了後、小論文はもちろん、引用が正しく行われているのかも評価の基準に含まれるため、引用元となる文献等も提出させました。筆者が作成した評価の基準を以下に示します。

| 観点1　話題を疑問文でとらえているか | 10点満点 |
| 観点2　話題に対応した主張が書かれているか | 10点満点 |

観点3　話題から主張につながる理由をあげているか　　　20点満点
　　　話題、主張とのつながりがよくわかる理由をあげている　20点
　　　近いことは書かれているが疑問が残る　　　　　　　　10点
　　　主張とかかわりのない理由をあげている、理由が書かれていない
　　　　　　　　　　　　　　　　　　　　　　　　　　　　0点
観点4　その理由は根拠に支えられているか　　　　　　　20点満点
　　　根拠(データなど)がきちんと書かれている　　　　　20点
　　　根拠らしきものは書いてあるが説得力が弱い　　　　10点
　　　根拠が理由とつながらない　　　　　　　　　　　　10点
　　　根拠や理由が書かれていない　　　　　　　　　　　0点
観点5　引用の方法を適切に用いているか　　　　　　　　20点満点
　　　正しい方法で引用している　　　　　　　　　　　　20点
　　　引用の方法が不十分、間違っている　　　　　　　　10点
　　　資料を引用していない　　　　　　　　　　　　　　0点
観点6　最終段落のまとめを書いている　　　　　　　　　5点満点
その他　漢字・日本語表現の間違いは、一カ所につきマイナス1点
　　　　(同じ間違いは一度としてカウントする)

　観点1〜6を合計すると85点満点となります。これに提出物(ワークシート)の平常点を15点とし、合計100点満点で評価しましたが、小論文85点満点分の学年平均点は65.9点でした。勤務校の場合、白紙解答の生徒はほとんどおらず、小論文としての形式が整えられているかが問われる観点1・2・6においては、ほとんどの生徒がほぼ満点であり、平均点も高くなりました。それに対して、形式的なことではなく、論じている内容そのものが問われる観点3・4・5においては、満点の生徒と部分点の生徒との間で、やや差がつきました。生徒の答案の具体例を紹介します(匿名で紹介するということ、本人の承諾を得ています)。全文を引用すると長くなるので、「理由」の箇所のみをご紹介しておきます。「子ども(未成年者)はスマートフォンを持ってもよいのだろうか。私は良いと思う。」という「話題と主張」に続く

部分です。

> 　まず、スマートフォンには GPS 機能がついている。これは、子ども
> にスマートフォンを持たせるための最大の理由だと思う。例えば、子ど
> もが外に遊びに行って迷子になった場合、子どもを見つけるための 1 つ
> の道具となる。
>
> 　他にも、Google やインターネットで調べ物ができる点や、YouTube
> などの動画サイト、アプリなどで学習することもできる。行方不明時、
> 学力向上の道具の 1 つにもなるので、子どもにもスマートフォンは持た
> せるべきだと思う。
>
> 　ただ、最近テレビでよく「ながらスマホ」や「スマホ犯罪」に関する
> 報道をよく耳にするようになった。「ながらスマホ」は、使っている人
> の意志の強さでなんとかなると思うが、「スマホ犯罪」はどうか。「永吉
> 克史さん、スマートフォンを子どもに持たせるメリット・デメリット
> は？　実際に親に聞いてみた　2015.9.8」によると、18 歳未満の子ども
> がインターネットを利用する際には、フィルタリングというものをつけ
> るということが義務づけられている。フィルタリングというのは、サイ
> トを制限すること。これによって、閲覧するとウイルスが入りやすいサ
> イトを管理者である親が制限することができる。

　この後は、「最終段落」に入り、危険性について認識できる子どもはスマー
トフォンを持ってもよい、という結論で終わっていました。この小論文に対
し、観点 1・2・3・6 は満点を付けましたが、観点 4・5 については「根拠
が理由とつながらない」、「引用の方法が不十分」として、それぞれ部分点に
留めました。ネット上の記事を引用していますが、引用内容からは、フィル
タリング機能によって子どもがネット犯罪に巻き込まれることを減らすこと
ができるということはわかるものの、それはあくまでもスマホの危険性への
対応策であって、スマホに利点があることの「根拠」にはなっていないと考
えられるからです。また、ネット上の記事の出典情報の記載も不十分だった

のでその部分でも減点し、85点満点中65点という評価をしました。これは、勤務校の高校1年生が書いたものとしては平均的な点数・典型的な内容であり、ほかの多くの生徒も類似の課題を抱えていることが浮かび上がりました。ここで紹介したのもそのためです。

　この授業を担当した学年では、たまたま、通常の国語の授業も受け持っていたため、後日、国語の時間に、クラス全員に評価の基準を説明した後、個々の生徒に指導・助言を行いながら答案の返却を行うことができました。その際、この生徒に対しては、インターネットからの引用の部分に問題があり、ここで引用していることは「スマホの危険性を減らすための方法であって、スマホの有効性を示す理由の根拠にはなっていないこと」、「インターネットから資料を引用する場合は、URLも明記すること」の二つが減点対象になっていることを指導しました。

（3）成果と課題

　本章では、高校1年生を対象に、比較的短い授業時間数でLWの要点を押さえながら、意見文（小論文）を書く力を養成する授業実践を紹介してきました。

　「話題」を疑問文でとらえることで「主張」を導きやすくなる、「主張」の説得力を増すためには「根拠」に支えられた「理由」が必要であるし、「根拠」や「理由」を用意するためには「引用」という方法が有用である、それらの点について理解できた生徒が多かったという部分は、本実践の成果といえましょう。一方で、紹介した小論文のように、「引用」を用いることで「根拠」に支えられた「理由」を示そうと努力はしたものの、「話題」「主張」とのつながりが不整合になってしまったという例は、ある程度文章を書けるようになった高校生が次にぶつかる壁として典型的なものであり、本実践を通して、改めて浮き彫りになった課題とも言えます。対応策としては、今回のように教員が添削して指導することのほか、生徒相互で自分たちが書いたものを読み合って、疑問点について指摘し合うことで、その不整合さに気付き、注意を払う思考回路を身につけていく、といった方法も考えられます（な

お、このような学習を行う際には、LW「第六章　意見文をチェックする」
の内容が有用ですので、ご活用いただきたいと思います)。

　ただ、そのためには、4時間完結ではやはり限界があり、第4回の授業で
書いた小論文について生徒が指導・助言を受けたり、振り返りを行ったりす
るために1時間、それらを踏まえて再度書き直すために1時間、合計6時
間完結の授業が展開できれば、さらに理解が深まるのではないかと思われま
す。年間において4〜6時間という授業時間数であれば、特別な科目として
ではなくとも、通常の国語の時間でも何とか捻出できるという学校も多いの
ではないでしょうか。本章で紹介した例であれば、第1回と第2回は、必ず
しも日程的に連続する授業で扱う必要はなく、ほかの教材の進度や学校行事
などの関係で、期間が空いてしまったとしても扱える内容です。各学校の実
態に応じて実践してみてはいかがでしょうか。

注
1　　佐光美穂「説明文・意見文を書くことの指導(10)　書くことの指導―ロジカル・
　　ライティング：意見文を書く、高校での指導」(『指導と評価』第65巻1月号、
　　2019年1月)に報告があります。
2　　2017年5月20日および25日の朝日新聞(朝刊)などがこれを報じています。

108

2　国語の授業での使用

棚橋美加子・佐光美穂

　ここでは、高等学校の国語の授業で LW を用いて指導する例をご紹介します。2022 年度から実施される新指導要領では、長く続いてきた「現代文」「古典」という科目がなくなり、今後は教材を活用した言語活動の指導を充実させることが求められていきます。とはいえ、従来の教材の一部も継承されるでしょう。これまで著者たちが実践してきた教科書にある教材を素材にした「書くこと」の指導をご紹介することで、少しでも新しい教育課程での指導につながる部分が見えてくればと期待しています。

（1）高校 2 年現代文での実践

　勤務校の高校 2 年生では、LW について、改めて全体で時間をとって学習することはありません。授業進度との兼ね合いもあり LW 単体で学習する時間を持てません。そこで高校 2 年生の評論「忘れられる権利」の学習に加えて意見文を書かせました。LW の学習内容を忘れてしまっている生徒も残念ながらいると思われましたので、ワークシートを用意し、再確認させながら進めました。

　この単元で意見文を扱ったのは、内容読解の授業の時点で生徒のなかで「忘れられる権利」に対する是非が分かれていることを認識したためです。実際に違う立場の意見を持った生徒同士が話し合えば、自分の意見が相手の立場に対する反論として有力かどうかを確認しやすいと考えました。

①教科書の教材と LW の関連部分

教科書の教材	宮下紘「忘れられる権利」（三省堂『高等学校　現代文 B〔改訂版〕』より）
LW の対応部分	「第二章　意見文のつくり」
	「第三章　「話題」と「主張」を書く」
	「第四章　「理由」を書く」
	「第六章　意見文をチェックする」

②授業のねらい

　ここまでの授業で、本校生徒は評論文を読解していくうえで、「話題」と「主張」をとらえるのは比較的容易のようでした。ただし、その主張の「理由」を説明させると、曖昧さが残り、しっかりと把握できていないと感じられることがしばしばありました。そのため、自分で意見文を書くことで、改めて「理由」とはどういうものかを再確認させたいと考えました。

③単元指導計画（全 6 回、1 回の授業は 50 分です。）

段階	授業回数	授業内容
読解	1 ～ 4 回	「忘れられる権利」を読解し、ＥＵとアメリカのそれぞれの立場（「忘れられる権利」を認める／認めない）を理解する。
まとめ	5、6 回	①ＥＵとアメリカそれぞれの立場をふまえて、自分の意見を考える。 ②自分が支持する立場の反論に答えうる資料や、主張を補強できるような新たな理由を探す。 ③ 800 字程度の意見文を書く。 ④「意見文のためのチェックリスト」(LWpp.115–116)で自分の意見文をチェックする。

　教科書に載っている「忘れられる権利」を認める理由や認めない理由だけでは、自分の立場を考え直すようなゆさぶりがなかったので、図書館を利用して新たな「理由の種」を調べることにしました。出版物に限らず、インターネットも利用しました。

④評価の基準とフィードバックの方法

	A	B	C
表現	一読して理解できる。	読み返さないと意味が取れない箇所がある。	何度読みかえしても意味が取れない箇所がある。
理由	理由として客観的な根拠（「メインの根拠」、「つながり根拠」、「なかみの根拠」）が読み手に伝わっている。	理由としての客観的な「メインの根拠」は読み手に伝わっているが、「つながり根拠」や「なかみの根拠」などが欠けている。	理由としての客観的な根拠が読み手に伝わっていない。

論理	自分の主張に対して、独自の有力な理由を示し、説得力の増した文章となっている。	自分の主張に対して、理由を示しているが、教科書にある理由に類するもので、教科書の内容に類似する文章となっている。	自分の主張に対して明確な理由が示せず、説得力のない文章となっている。

　今回は授業内のみで完結する(外部への発表のない)意見文であること、自分の主張に対して有力な「理由」を考えることに重点を置いたことにより、「引用」についてのルールは不問としました。

⑤実際の意見文
●生徒の意見文１

　「忘れられる権利」を巡って欧米では活発な対立が見られる。これらをふまえて日本はどう考えるべきなのだろうか。
　日本において、まずは認めるにあたっての基盤をかためるだけに留め、今は認めるべきではないと私は考える。確かに情報化が進むにつれ情報を完全に消し去ることは困難である。しかし、以下の理由から私は現段階では認めるべきではないと考える。
　第一に、知る権利や表現の自由とのバランスが保持できない。検索エンジンはすべての情報を、内容に関わらず中立的に整理し、再構築するからこそ有益なサービスとなる。「忘れられる権利」を認めることは政治権力などによる情報隠蔽を招きかねない。近頃ニュースで話題になったパナマ文書もこの一例として取り上げられる。
　第二に、情報削除に対応するためのコストを誰が負担するのか、という問題が出てくる。検索エンジングーグルによれば、2014年5月の情報表示削除を求める判決以降、削除依頼は2016年2月までに38万5973件であった。そのうち犯罪歴がある依頼は2%で、その他は私的な動機がほとんどであった。グーグルは依頼を弁護士などに1つずつチェックをさせて対応をしているが、莫大なコストがかかる。このよう

に検索エンジンがコストを負担するという事態が起こってしまう。

　現時点で「忘れられる権利」を導入すると、上記に述べたようなことが起こり、困惑を招く。そのため、日本はヨーロッパやアメリカでの状況や対応を学び、権利が適用されるものとされないものの線引きや負担責任者を定義するべきである。現在は認めるべきではないが、それと同時並行で、認めるための準備を進めていくことが要であると思う。

　上記の意見文は、「「忘れられる権利」を現時点では認めるべきではない」と主張します。その「理由」として、知る権利や表現の自由とのバランスがとれないこと、削除責任者のコストがかかることを「メインの根拠」として挙げています。そして、それぞれに対して具体例（パナマ文書、グーグルの現状）を挙げて、「なかみの根拠」を示しています。「つながり根拠」としては政治権力による隠蔽を招きかねないという推測の域を出ないものと、コストを負担することが難しいから、現状はできないという消極的な内容になるのですが、全体として自分の主張に説得力を持たせていると思います。

● 生徒の意見文 2

　「忘れられる権利」は認められるべきなのだろうか。正しいか否かというだけでは決められない問題だと思う。だが結論から言うと私は「忘れられる権利」は認められるべきだと思う。それは私が以前からある事に対して抱いてきた不快感と関係しているからだ。

　私は以前から、事件などが起きた際にインターネットやメディアで執拗なまでに個人を特定することに批判的な考えがあった。大きな事件はもちろん、これは些細な日常の出来事でも起こりうる。軽い気持ちでSNS に投稿した内容や写真がネット上で物議をかもし、個人を特定され、誹謗中傷され、職場や社会から追放され、今も社会に復帰できない人たちもいる。具体例を挙げれば、少し前の話だがアルバイト先の冷蔵庫に自分が入った写真を投稿し、それがネット上で問題視され、個人を

特定された社会的信用を失った少年がいたという話があった。こんなことを言うと私が彼らを擁護しているようかもしれないがそうではない。私は個人を特定したのちに「表現の自由」をふりかざして個人の人格や尊厳を否定することを問題視しているのだ。確かに、捉えようによっては個人を特定するところまでは「知る権利」を行使しているともいえるだろう。しかしその後の個人の人格を傷つけるような言葉を「表現の自由」で片付けてしまって良いのだろうか。さらにこのようなインターネット上での誹謗中傷の言葉は消えることなく残り続けてしまうのだ。そこで私は「忘れられる権利」を行使するべきだと思う。過去の投稿に対して浴びせられたインターネット上での中傷の言葉によって個人が社会から追放されるべきではないのだ。犯罪に時効があるように、インターネット上での事件にも時効、つまり一定期間が経過したら本人の意思次第で検索結果から関連するキーワードが削除されれば良いと思う。これからますます情報化が進む社会で個人の尊厳を守る事が最優先だと私は強く考えている。

　上記の意見文は、「「忘れられる権利」を認めるべきだ」と主張します。「メインの根拠」としては、「過去の投稿に対して浴びせられたインターネット上での中傷の言葉によって個人が社会から追放されるべきではない」としています。文章としては「理由」を示す「〜から」が使用されず、ややわかりにくい形にはなっていますが、読み取ることができます。また「なかみの根拠」として、実際に過去のSNSへの投稿から社会的信用を失った事例を挙げています。「つながり根拠」としては、インターネット上の言葉は残り続けることを示しています。

⑥成果と課題

　全体として、評価がAに該当する意見文は、1割ほどでした。教科書の本文を例に書き進められるので、多くの生徒は評価がBの意見文を書くことができました。Cに該当するものが数枚ありましたが、「忘れられる権利」

についての記述から外れ、インターネットの利便性などの別の話題にすり替わってしまったものでした。

　成果として挙げたいのは、「生徒が何につまずいているのか」が明確になったことです。試験問題などで、理由を答えさせるという問いは頻出のものだと思います。その際、解答として想定しているのは「メインの根拠」にあたる部分の指摘です。しかし、生徒の解答を採点していると、答えてほしい内容がずれていると感じることがありました。そのずれの原因は、「メインの根拠」と「サポート根拠（なかみの根拠、つながり根拠）」の判別が曖昧なまま、解答をしているからだとわかったことです。試験問題で「なぜですか」と理由を問われた場合、「メインの根拠」を中心に解答すべきです。しかし、減点（場合によっては無得点）になる生徒は、「サポート根拠」が解答の中心に据えられており、こちらの求める解答からずれたものになっているのだと気づくことができました。試験後、どうしてこの解答ではだめなのかという質問に対しても、「メインの根拠」と「サポート根拠」というフレームで説明することで、生徒自身もわかりやすくなったと思われます。「意見文を書く」までやれなくても、理由を答えるというパターンの解答の仕方を教える時にも、LW で学んだフレームは有効活用できると思います。

　課題としては、三つあります。

　一つ目は、意見文として書く上での基本がまだ身についていない点が挙げられます。高校 2 年生の授業では全体的に LW の復習をする機会がなく、意見文の構成などは覚えていますが、第一章部分の根本的な文そのもののトレーニングがやり切れていない生徒が半数近くいたと思います。自覚なく評価や感情を含有する単語を使用していたり、意見文に用いるのは適切でない表現が使用されたりしました。定型化した比喩表現を「比喩」と意識しないまま使用し、エッセイのような語り口になっていたのもありました。シンプルな言い回しができない、指示語が多いため、その指示語が何を指しているかわからないといった文もたくさんあり、読み手に内容が伝わりにくいものも散見されました。

　二つ目は、「つながり根拠」の理解も浅かったように感じます。評価 B の

114

意見文がほとんどを占めましたが、それは「なかみの根拠」を示せているものであり、「つながり根拠」が欠けているものが多くありました。そのため、論理の飛躍を感じる意見文となっていました。

　三つ目は、「話題」を「問い」の形で示す際に焦点を絞れず、主張がたいへん大まかなものになる点です。今回ですと、「話題」を「「忘れられる権利」をどうすべきか」ととらえ、「「忘れられる権利」は全世界規模で考えるべきことである。」といったまとめ方になってしまいました。生徒が意見文を書く前に必ず、全体の共通認識として話題が何かを確認するなど導入部分での指導を徹底すべきだったと思います。

　最後に、自分の担当するクラス全員の意見文を見るのは当然ながら大変時間がかかります。そこで、まずは生徒自身にLWの「意見文のためのチェックリスト」(pp.115–116)を用いて、自分の意見文を添削してもらいました。チェックリストと対応するところに下線を引いてもらったのですが、これにより、自分の意見文に何が不足しているかを自覚した生徒もいました。ただ、なかにはチェックに該当しているかどうかがわからない生徒や該当していない箇所に下線を引いている生徒もいました。やはり、「メインの根拠」と「サポート根拠」の判別が曖昧であるため、セルフチェックできないことが考えられるので、意見文を書く前にLWに記載されている意見文と意見文のチェックリストを用いて、それぞれの根拠を確認し、チェックの仕方を練習させる機会を設けても良かったと思います。

（以上、棚橋美加子）

（2）高校2年古典での実践[1]
　高校2年生の古典では、二つの漢文の教材を組み合わせ、一つの学習の単元としました。その学習のまとめとして、LWの指導事項を踏まえた小論文を執筆しました。詳細は以下の通りです。

①教科書の教材とLWの関連部分

教科書の教材	孟子「不忍人之心」、荀子「人之性悪」（大修館書店『古典B』より）

| LWの
対応部分 | 「第八章　要約から吟味、提案へ」
「第四部へのブリッジ　資料や他者の意見を取り込むために」 |

②授業のねらい
●引用した資料を活用して、自説を展開する方法を磨く。

　勤務校の生徒は高校1年に履修する「SS課題研究Ⅱ」(本章第1節 pp.95–107参照)で、ロジカル・ライティングの基礎を学び、資料を引用しながら自分の意見を書くことまでを経験します。スーパー・サイエンス・ハイスクールのための特別な授業で、2016年、筆者たちが初年度の授業を行いました。その結果、以下の成果と課題が把握できました。

　引用の仕方については比較的生徒にとって習得が容易であることがわかりました。一方、うまく「話題」を設定できないことや、引用資料を自説に有効につなげないという課題を抱えている生徒が多いことが浮かび上がりました。「話題」、つまり問いの設定の重要性や難しさは、本書の中でも繰り返し述べていることです。ここでは引用した資料の活用、自説にうまく利用することに関する課題を二点に整理しておきます。

　　・著者の主旨から外れる内容を引用する
　　　→著者が引用した部分を引用する
　　　　著者が自説への反論を予想して説明したその部分を引用する
　　・引用した部分と自説の関連付けがうまく図れていない

　上記の課題に対し、筆者は「SS課題研究Ⅱ」でのロジカル・ライティングに関わる部分が、4回というタイトなスケジュールで展開する授業であるため、資料の読み込みが足りず、上記のような課題が生まれているのではないかと考えました。そこで、2017年、高校2年生になった同じ生徒たちを対象に、教科書の教材を授業中に読み込んだ後、生徒が性善説、性悪説のどちらに立つかを述べる文章を書かせる授業を実施しました。教材は最終的には書くための資料という扱いになります。

116

③単元指導計画（全6回、1回の授業は50分です。）

段階	回	授業内容
読解	1〜4回	孟子「不忍人之心」、荀子「人之性悪」の内容を読み、現代語訳をしながら文意をくみ取る。
まとめ	5〜6回前半	①二つの文章の「主張」と「理由」をワークシートに整理する。 ②自分が支持する文章を選び、その理由を考える。 ③同じ立場の生徒と意見交換する。 ④異なる立場の生徒と意見交換する。
	6回後半	「孟子／荀子を支持する理由」の題で小論文を執筆する。

　小論文は400字以下の小規模なものです。第6回の後半25分で執筆させました。その際、必ず自分の指示する立場（いわゆる「性善説」、「性悪説」）を表明し、さらに資料（この場合、本文）を根拠として引用することを求めました。

　なお、今回引用文献が漢文であるため、引用は白文・訓読文・書き下し文の三通りの方式があり得ます。授業中に現代語訳は引用に当たるのかという生徒からの質問がありましたが、これらについてはクラスごとにルールを考えさせました。その結果、実施した全クラスで引用は白文または書き下し文で引用符をつける、現代語訳にはカギカッコ以外の形の引用符をつけるという方針となりました。

④評価の基準とフィードバックの方法

	A	B	C
表現	一読して理解できる。	読み返さないと意味が取れない箇所がある。	何度読みかえしても意味が取れない箇所がある。
引用	資料の複数箇所を引用するなどして、原文の論理を踏まえている。	原文の論理に配慮が薄く、本文を部分的に切り出した引用のしかたをしている。	引用がない。
論理	引用と性善説／性悪説を支持する理由との関係が明確に表現されている。	引用部分と性善説／性悪説を支持する理由が結びつけてあるが、一般論である。	性善説／性悪説を支持する理由に混乱がある。

　この評価の基準は、実践の半年前、同じ教材で当時の高校 3 年生に、類似の授業実践をした時に書かせた文章を A 〜 C の三段階で評価し、その特徴を言語化して得たものです [2]。今回の高校 2 年生の生徒には、この観点に照らし各自が達成できていたことを、提出した作文用紙に具体的に、生徒の表現に即した形で記入してフィードバックしました。

⑤成果と課題

　成果としては、前年度からの課題であった引用を自説と結びつけることに関して、向上が見られたことが挙げられます。その理由は授業で本文の主旨を確認したことと、立場を表明してから本文を論拠として引用をする書式の条件設定をしたことにあると考えられます。上記基準の「論理」の項目で C となる生徒は 120 名中 2 名でした。引用の方法はほぼ定着したと見られ、また課題であった引用を自説に結びつけることも、大きな問題は解消したように見受けられます。A 段階に達した生徒の中には、400 字以内という限られた字数にもかかわらず、孟子と荀子の論を比較したり、取り上げた思想家の論の進め方や例示した内容の適切性をチェックしたりするなどした意欲的な文章も見られました。

　一方、課題は、B レベルの生徒が多いことです。このレベルの生徒の典型的な文例として、原文（資料）の「人間の本性は悪である」「利益を好む心がある（から人の本性は悪だ）」という、生徒にとってわかりやすい部分だけを取り上げて、身近に観察できる事例に結びつけたものが多く見られました。もちろん、身近なものに置き換えて理解したり、具体例を案出したりする力自体も、思考力の一側面として評価すべきですが、読解内容をアウトプットする活動の成果物としては物足りないと感じます。400 字以内という課題の条件の影響である可能性もありますが、原著の論理を受容した上での深い議論を展開できるようにする方法を今後考えていきたいと考えます。

　古典作品を題材にロジカル・ライティングを指導することは可能です。しかし、やはり向いている教材とそうでない教材はあります。また、課題設定を的確にしないと、単なるエッセイになってしまうこともあります。筆者

も、この実践をした翌年、同じ生徒たちが高校 3 年生になった 2018 年の授業実践で、失敗しています。本居宣長「師の説になづまざること」(『玉勝間』)と、韓愈「師説」とを読み比べ、これからの自分の学びについて 800 字以内で論ずる課題だったのですが、この課題設定が甘く、感想文的な文章が続出し、頭を抱えることになってしまいました。この点も、これから試行錯誤が必要なことでしょう。

(3) おわりに

　本稿では高校国語の授業で、教科書教材を用いた読解の学習の総まとめとして、論理的な文章を書く活動を取り入れたケースをご紹介しました。本校では、中学、高校段階で LW を用いた授業を実践しているため、事例では LW の内容を、初めて学習する時のようには詳しく丁寧に指導しているわけではありません。ある程度 LW での学習歴があるからできた指導事例だと思います。しかし、高校生が対象であれば、LW の、せめて第六章までを、数時間ずつにわけて、年間指導の中に組み入れていくと、第 2 学年、第 3 学年では、ここでの実践のような授業を、スムーズに実施することができるようになります。少なくとも、授業者の実感としては、生徒の学習歴が長くなるにつれ、教員は楽になっていくのを実感しています。

　2022 年度から年次進行で実施される指導要領では、国語の授業は教材に依存した形態を改め、教材を素材として言語活動を展開するよう求められるようです。その中には、教材を起点に創作をするようなことも想定されているようですが、教材を批判的に読解したり、その内容について意見を述べたり、わかりやすく説明をしたりする活動も含まれていくでしょう[3]。本稿で紹介した授業の活動課題は、決して目新しいものではありませんが、今後、このような課題による学習活動が増えていくことが予測されます。

　パフォーマンス課題が増えることで、指導者の負担が増えることが予想されます。文章指導に関しても、指導者が一人で抱えられない状況になりそうです。論理的な文章・説明的な文章を書く指導については、LW を用いて自己・相互のチェック、自己・相互添削のしかたを指導するなどの、学習者の

批評眼を育てる方にも力点を置くことが、今後の指導につながっていくのではないか、と考えています。

注
1　この部分は、以下の実践報告を本書に合わせてリライトしたものです。使用許可をくださった日本図書文化協会に感謝いたします。

　　　　佐光美穂「説明文・意見文を書くことの指導 (10)　書くことの指導―ロジカル・ライティング：意見文を書く、高校での指導」(『指導と評価』第 65 巻 1 月号、2019 年 1 月)

2　評価基準の表現は、当初のものの趣旨や難易度を変えないように改変しています。本書掲載のため、表現不足の部分を補いました。

3　大滝一登編著『高校国語　新学習指導要領をふまえた授業作り　実践編　資質・能力を育成する 14 事例』(明治書院、2019 年)

（以上、佐光美穂）

3 総合的な探究の時間・探究的な学習への応用

佐光美穂

　ここでは、高等学校の「総合的な探究の時間」を代表とする課題解決学習にLWを利用する例をご紹介します。

　課題解決型の学習は、課題設定→情報収集→整理・分析→まとめ・表現→振り返り→新たな課題設定…と螺旋状に展開し、課題解決へ向かうものとされます[1]。「まとめ・表現」の活動で、ライティングの技能を鍛えることができるのですが、それ以外にも、課題設定や振り返りなどのステップにも活かせることがあると考えています。課題研究では、学校により必ずしも文章でのまとめを課さないかもしれません。しかし、テーマについての下調べや、学習者同士でのディスカッション、口頭発表などでも、主張とそれを支える根拠をどう配置するかという点では、LWで培ったスキルが活かせると思われます。

　なお、課題解決的学習は、高等教育機関でのレポートや卒論執筆に至るプロセスと共通する部分もあります。今後、高等教育機関と連携し、より効果的な授業方法の開発が望まれる分野です。

（1）年間授業計画

　課題解決までに課題設定から振り返りまでのサイクルをどれだけ繰り返すかは、本来、テーマやその学習者の学習の進捗状況に応じて決められるべきことでしょう。課題解決型学習に慣れている学習者には、必要に応じ各自で決めさせます。しかし、初めてこのような活動をする学習者には、どのような過程を経るものかを体験させるために、小規模な課題設定からまとめに至るサイクルを最低2回たどるよう学習コースを作るのも一つの方法ではないかと思います。

　筆者の勤務する高校では2年間で課題を解決することになっています。論文執筆まで含めると、2年半の期間をかけて学習が完結します。本書ではそれをベースに、週に1時間の授業を1年行って完結する場合の授業計画をお

示しします。課題解決型の学習にそれほど慣れていない学習者が対象のコースです。

回	授業タイトル	概要
1	関心を見える化する	イメージ・マップとマンダラートを使い、キーワード単位で自分が何に関心を持っているのか把握する。
2	仮テーマを作る	前回ピックアップしたキーワードを「話題」の形式に整える。
3～5	文献調査をする	文献調査の方法と記録方法を学び、各自のキーワードについて、現在どのような観点から関心が寄せられているかリサーチする。
6～8	ミニ発表会をする	文献調査の結果と自分の関心との重なりとずれについて5分程度で発表し、質疑応答をする。
9	テーマと仮説を作る	ここまでの学習に基づき、テーマと仮説を設定する。
10～12	調査方法を知る	文献調査以外に、一次情報を得るための調査手法(アンケート、インタビュー、観察など)の概要を学び、自分のテーマに活かせる方法を考える。
13	学習計画を立てる	テーマと仮説に則ってどのような調査方法と手順で学習を進めるか、計画書を書く。
14～17	第一次調査	計画書に基づき、各自で調査を進め、記録を残す。
18	第一次調査発表会	ここまでに明らかになったこと、残された課題について発表し、質疑応答する。
19	振り返り	テーマに照らし、ここまでの学習プロセスが適切であったかを振り返り、この先の計画を見直す。
20～24	第二次調査	振り返りを踏まえ、各自の課題解決に向けて、調査活動を行い、記録を取る。
25	まとめと振り返り	ここまでで明らかになったこと、残された課題について、ワークシートに簡潔にまとめる。
26～29	レポート執筆	定められたフォーマットに基づき、研究成果を文章の形式でまとめる。
30	レポートの共有	テーマが近い学習者同士で読み合い、相互評価を行う。

学習活動を始める前に、指導者側は以下の二つを学習者に提示します。

①評価基準表(ルーブリック[2])
②学習のまとめ(論文やプレゼンテーション)のフォーマット

　①は、何ができたらどのような評価が得られるかを一覧にしたものです。指導者として、学習者がどう成長することを求めているのかを事前に示すことができます。それと同時に学習が進んでいく中で、学習者が今、どのレベルに達しているかが伝えやすくなります。

　②は、学習者が最終的にどのような形でアウトプットするのかのイメージを持たせるのに必要です。学習の最初期に見せることで、どのような項目が求められているのか、それを満たすためにどれだけの調査をすべきかなどが、具体的にイメージできるようになります。その意味で、学習のまとめの時期になってはじめて見せるより、この段階で示すことをお勧めします。

(2)課題設定

　年間授業計画で言えば、第9回までが課題設定に関わる作業です。課題研究の成否がここで決まるといっても過言ではない、重要なステップです。

　LWでは、「第三章　「話題」と「主張」を書く」を役立てることができます。ただし、意見文、小論文執筆と課題研究では、多少違う部分もありますので、まずその点を先にご説明します。

　意見文・小論文の場合、比較的短時間で書くことが求められます。受験小論文のように、その時までテーマがわからない場合もあります。そのため、調査を伴わず、提示された資料か、執筆者の頭の中にある材料で答えが出せるように問題設定せざるを得ないことが多くあります。これに対し、課題研究では、数ヶ月から年単位での期間に、何らかの調査活動を経てまとめていきます。学習者にとっては各自の学習状況を適切に管理する力が要求されますが、その一方では自分の興味がある内容を扱えること、書く材料を事前に準備できる点で、即席型意見文・小論文を苦手とする人も、力が発揮できることも多いでしょう。

①すべては「問い」を立てることからはじまる

　課題設定の作業をさらに細分化すると、問いを立てること、それに対する仮説を立てることになります。問いを立てることが、LW での「話題」の設定、仮説を立てることが「主張」の設定に近い作業です。ただ、問いを立てるのに不慣れな場合、その前段階としてテーマに関わるキーワードを集めることから始めるとよいかもしれません。

　キーワード収集は、LW にはない内容です。年間授業計画の第 1 回がこの作業に当たります。ここでは概略のみ記します。キーワード収集は、集めたものを一覧にして視覚化します。イメージ・マップ、マインドマップなどは、思いつくものを次々書きだしていくのに適しています。複数の学習者が共同で書くのもよいと思います。また、共通の大テーマなどが決められている場合は、そのテーマを中心語とするマンダラート（正方形を 9 マスの小さい正方形に分けたもの。中心の正方形に中心語を書き、それに接する 8 つのマスを埋めていくことで、アイディア出しをする方法）などもよいでしょう。そこから、自分が関心を持てるものを選びます。

　さて、キーワードから問い（LW でいう「話題」）を立てるワークは、問題数が少ないですが、第三章の例題 1（p.58）にあります。なお、本問は「誰に対する」ものかを意識させる形式になっています。これは課題解決学習の上でも重要な観点です。時間的な余裕があれば、この例題を見てから、各自の問いを作る作業にあたるとよいでしょう。また、さらに準備運動的なワークをするなら、ここ数年で比較的多くの学習者が取り上げてきたテーマから指導者が事前にキーワードを抽出して示し、そこから問いを立ててみるワークを行うこともできます。

　問いを立てるところで困難を感じる場合、問いの強制発生装置を使う手もあります。有名なものでは戸田山和久先生が『新版論文の教室』で提唱している「ビリヤード法[3]」があります。トピックから自分で問いを起こす場合に有効な方法で、「問いのフィールド」（互いに関連しあったたくさんの問い）を作るために、機械的に問いをぶつけていく方法です。「ぶつける問い」は同書に一覧になっているので、そちらをご覧ください。ビリヤード法では、

問いをぶつけて生成させたものから、「問いと答えのフィールド」(課題と仮説の組)を作り、そこから論文のアウトラインにつなげていきます。

　しかし、ビリヤード法も難しい…と感じる学習者もいます。そういう場合には切れ味は鈍くなりますが、筆者は次のような方法を学習者に提案することもあります。それは、キーワードに格助詞をつけてみる、という単純な方法です。格助詞というところがミソで、これをつけると、述語への意識がかきたてられ、何か続けたくなります。例えば、「動物愛護」というキーワードに対して「動物愛護＋に」と助詞を一つ足すと、「動物愛護にどのような問題点があるか」「動物愛護に関わる法律は何か」「動物愛護に取り組むにはどうしたらいいか」などと作れます。

　さらに、それでも思いつかないという場合は、キーワードをネット検索して、現在そのキーワードについてどのような関心が寄せられているのかを調査します。その上で、自分の知りたいことをみつけていくことができるでしょう。

　複数書きだした「問い」から、どれを課題として取り上げていくのがよいのでしょうか。これは学習者の自己決定を大切にしたいところですが、最低限、以下の観点を示しておくとよいでしょう。

・**自分にとって追究する意味が感じられるもの**
　「わくわくする、やってみたい」と思えたり、切実な思いがあったりするか
・**自分の持つ条件がフィットするもの**
　自分の取れる解決方法があるか
　問題解決にかかる時間・作業量が適切か

　なお、高等教育での課題解決学習・レポートや論文には、テーマの新規性や有用性などの観点からのチェックが必要です。

②問いに対する答えが研究の方向性を決める

　問いに、研究のための仮結論を出す——これは、LW の「主張」を考える
作業です。と同時に、先に示した年間授業計画の第 2 回にあたる内容です。
人によっては「仮説」を立てることと呼ぶこともあります。即席型の意見
文・小論文だとかなりしっかり、覚悟を持って決めないといけないところで
すが、課題解決学習の場合は、少し先に進んだ段階で若干は変更・調整がで
きることもあります。この仮説が決まったところで、研究の方向性が大体見
えてきます。

　例えば、「なぜ〇〇市では「やさしい日本語[4]」の普及が進まないか」と
いう問いに対して、例えば次のような「主張」（または仮説）を立てられます。

ア）〇〇市の日本語を母語とする人が、「やさしい日本語」に関心がないから
イ）日本語を母語としない人にとって、やさしい日本語も身に付けるのが難
　　しいから

　どちらの仮説を採用するかで、調査対象も調査方法も変わり得ることがご
理解いただけると思います。アの場合は、市内の日本人を対象にした意識調
査が考えられるでしょうし、イの場合は来日して一年程度の人へのインタ
ビューや、そういう人を支援する活動をしている人から情報を得ることが考
えられます。その上で、「やさしい日本語」そのものの難しさなのか、「やさ
しい日本語」を身につける時間や機会がないことによる難しさなど、仮説を
さらに精緻にすることができるでしょう。指導者としてはここが指導のしど
ころで、学習者とたくさん話をしながら、学習者のやりたいことと、学習者
が自分でできることをすりあわせられるよう支援します。

③調査活動へ走り出す前に

　「話題」と「主張」、課題解決学習的な言い方をすれば、課題と仮説ができ
れば、あとは検証、調査へ進みたくなりますが、その前に必ずチェックをし
た方がよいことがあります。

・用語の定義

　課題や仮説に含まれる語を一義に定めておく（後で変更するのは可能）

・研究計画作成

　どの方法で、いつまでに調査をし、その結果をいつまでにまとめるかを
確認する

（3）調査

　残念ながら、LW にはここにあたる内容はありません。調査方法について
は、すでに優れた本が多数ありますので、詳細はそちらに譲ります。しか
し、20 年弱、総合的な学習の時間の指導に関わってきた経験から、これだ
けは徹底して指導したいポイントを 2 点、記します。

①調査記録を必ずつける

　シンプルな方法としては、調査ノートを作ることです。文献調査、社会調
査（アンケート、インタビュー、観察など）など、様々な調査方法を併用する
ことがあるかもしれませんが、一冊のノートに、調査日と出典を明記して記
録を取るよう指導します。

　筆者の勤務校では玉川学園の「エビデンス・ブック[5]」を参考にしていま
す。これは、ノートの冒頭に文献リストのページを作り、出典情報を記録し
た上で、残りのノートに、そのリストの記号を振って抜き書きや要約を集積
していくものです（筆者はこれに加え、調査の結果考えたことや次時にすべ
きことなどを積極的に書き込むよう指導しています）。勤務校では冒頭に作
る文献リストの部分をプリントにして生徒に配布しています。生徒はそれを
糊で貼り付け、リストの項目にしたがって記入して、出典情報を管理しま
す。ここまでやらないと（やっても）面倒がっていい加減な記録を作ったりす
るからなのですが……。

　一人一台のデジタル・デバイスがあり、Wi-Fi などのネットワーク環境が
整っている場合は、EndNote、RefWorks などの文献管理ソフトを利用する
のも一案です。これらの中には無料で使えるものもあります。

②批判的に文献を読む

　中等教育段階では、生徒が採ることができる調査方法に限りがあり、（ネット上のものも含めた）文献調査の比重が高くなるのが現実です。文献で調べたことをまとめるだけの研究は、大学以上では低い評価に甘んじることになるのでしょうが、大学以降でも研究の準備段階として踏まなければならない階梯の一つであるはずです。その際に必要になるのが、文献に対する適切な批判性です。

　それを養うステップの一つは文献の信頼性を確かめることです。筆者自身も指導に当たるときは、著者が明らかでない資料は、原則として調査対象としないことや、著者の専門領域についての文献であるか、発行年月日、発表媒体などをチェックすることを伝えていますが、なかなか徹底しないところでもあります。

　もう一つは本文の論証をチェックすることです。これはクリティカル・リーディングの中核的な部分です。詳細はこれを専門とする書物[6]に譲りますが、自分が知りたい内容をピックアップして、せめてその部分だけでも、きちんと批判的に読み解かせたいところです。そのための最低限必要な手続きは以下のア～ウの通りです。

　　ア　自分が知りたい情報をピックアップする
　　イ　その前後を丁寧に確認し、情報が正しいかチェックする
　　　　（可能なら、他の資料にあたって正しさを確認する）
　　ウ　その内容の論証が正しいかチェックする
　　　　著者が根拠を挙げているか、その根拠からその内容が導けるか

　これら二つの手続きを経て、納得ができた情報を調査ノートに記録するように指導します。

　調査段階は長い期間を要します。1年完結プランである前掲の年間授業計画でも10時間を調査活動に当てています。ここで学習者の意欲やスキルにより進行に差がついてきます。これより長い期間の授業での活動なら、なお

のことでしょう。本書で示した計画では 2 期に分け、そこで小まとめをする
ようにしましたが、何らかのアウトプット活動を入れたりして、中だるみを
防ぐ授業の作りが必要となります。

（4）論文化
①アウトラインを確認する

　論文化に先立って、論文のアウトラインを確認します。年間計画では 25
回目の「まとめと振り返り」で実施することを想定していますが、もっと長
いスパンでの学習活動になるなら、調査の中間報告で同様の作業をすると、
調査の軌道修正がしやすいでしょう。

　まとめは、例えば、次のような事項をワークシートにして、ここまで調べ
てきたことをまとめます。後になってパラグラフ・ライティングで論文を書
かせるなら、ここで各項目を 1 文で書かせると、トピック・センテンスとし
て利用できます。

項目	論文のパート
研究課題	序論
仮説（結論）	序論
仮説を証明するための方法	序論
仮説が成り立つための根拠（データ）	本論
根拠がなぜ仮説に結びつくかの説明	本論
未解決の問題	結論

　根拠（データ）は調査結果を利用します。複数の結果を利用する場合は、そ
れぞれの関係を考えます。ここは LW では切り落とした内容です。野矢茂
樹先生の『論理トレーニング[7]』の論証の型についての記述を参照して整理
しました。

連鎖型	ある根拠から主張を導き、それを根拠としてまた別の主張をする関係
結合型	単独では弱い根拠を複数並べて、補強する関係
合流型	それぞれ独立して結論を導ける根拠を、並列する関係

　記入したワークシートを見返して、以下の確認をします。可能なら、ピア・カウンセリングを行って、学習者間で相互にチェックするとよいでしょう。

- **・研究課題（問い）と仮説・結論（答え）は対応しているか**
- **・適切な内容の根拠があるか**
- **・根拠が必ず仮説・結論に結びつくか**

　この作業は、LW「第六章　意見文をチェックする」（pp.115–123）に挙げていることと重なる内容が多いです。

②文章化する

　年間授業計画の第 26 〜 29 回の内容です。学習開始時に提示したまとめのフォーマット（論文の場合は章立て）に基づいて執筆していきます。各校で様式の細部が異なると思いますが、一般的に序論・本論・結論の三部構成であろうと思います。それをパラグラフ・ライティングで書いていくこととなるでしょう。

パート	主な内容
要旨	
序論	研究課題（先行研究、用語の定義、自分の問題意識を含む）と仮説 研究方法 研究の意義
本論	調査結果 考察
結論	結論 （本研究で明らかになったこと、結論が成立する条件などを含む） 今後の課題

　パラグラフ・ライティングの指導の具体的な方法論については、筆者自身まだ試行錯誤中で、ここで提案できるほどの蓄積をもっていません。薄井道

正先生は、1段落の中のトピック・センテンスとサポートセンテンスの構造を整えるトレーニング[8]を提唱なさっています。中学・高校の国語の授業でも取り入れられる優れた方法だと思います。ただ、課題解決学習でのまとめのレポートや論文の場合、もう一つ上のレベルの、段落間の構造を作るトレーニングが必要です。現時点では、論文のアウトラインとして書きだしたトピック・センテンスに、その詳細情報となるサポートセンテンスを添えるワークシートを用いて下書きをするような方法を考えています。

さて、文章を書いていく段階では、LW で扱った内容を活かしていくことができます。国語の時間ではないので、個々について教員が解説したり、ワークをしたりすることはできないと思いますが、関連ページで原則を確認させる場合に利用できると考えています。特に関連がある序論と本論の部分について、以下に概略を挙げていきます。

序論の先行研究のパートでは、LW「第五章 「説明」を書く」5 の経過の説明（pp.107–109）の手法が、用語の定義のパートでは、同章 2 の定義と解説の表現（pp.98–100）の内容が利用できます。先行研究であれば、ある概念を巡って、時系列にどのように発展していったかを整理すればよいことになります。定義については、研究テーマに含まれる用語を、一義に意味が定まるように書きます。その際には、LW にある「X とは Y である」の X と Y を入れ替えても文意が通じるかのチェックが有用です。

本論は、調査結果（仮説・結論につながる調査結果、客観的に確認できる事実）と、考察（調査結果がなぜ仮説・結論を導けるかの理由づけ）の二つのパートで構成されます。事実と意見の書き分けの言語形式は、「第三章 「話題」と「主張」を書く」（pp.60–61）で扱っています。複数の調査結果を組み合わせる場合は、本項①の三つの関係に即し、接続語を入れて文章化します。連鎖型で使う代表的なものは「だから」「そして」など、結合型では「また」「加えて」など、合流型では「第 1 に／第 2 に」「はじめに／次に」などです。

以上、探究的な学習、課題解決学習で LW を利用する場合を、LW ではカバーしていない内容を補う形で見てきました。本項では文章にまとめると

いう目的のもとに記述を絞っていきました。本項では十分に扱いきれませんでしたが、筆者の勤務校でも、課題設定→情報収集→整理・分析→まとめ・表現→振り返りという学びの各局面で、協働学習を取り入れています。学習活動の組織の仕方で、さらに実りの多い学習活動になっていくことでしょう。

付記 1）引用することはできませんでしたが、本項は以下の書籍、論文の多大な影響を受けて書いています。記して感謝申しあげます。
・中田享『理系のための「即効！」卒業論文術』(講談社ブルーバックス B1666、2010 年)
・上野千鶴子『情報生産者になる』(ちくま新書 1352、2018 年)
・倉島保美『論理が伝わる世界標準の「書く技術」』(講談社ブルーバックス B1793、2012 年)
・黒上晴夫、小島亜華里、秦山裕『シンキング・ツール〜考えることを教えたい〜』(ks-lab.net/haruo/thinking_tool/short.pdf、2014 年公開)

付記 2）勤務校が「総合的な探究の時間」で使用しているルーブリックです。

評価項目	A	B	C
①問題意識を明確に提示している	オリジナルな問題意識を明確に提示している。	問題意識を提示しているが、独自性はない。	問題意識の所在が明らかでない。
②問題解決の方法、経過が書かれている	問題解決の方法、経過が論理的で、わかりやすく書かれている。	問題解決の方法、経過が書かれているが、わかりにくい部分がある。	問題解決の方法、経過が書かれていない。
③問題解決の結果がまとめられている	問題解決の結果が、適切にまとめられている。	問題解決の結果が書かれているが、まとまりが弱い。	調べた結果の羅列で終わっている(まとめられていない)。
④今後の課題が明示されている	今後の課題と自分の将来や社会の未来との結び付けができている。	今後の課題が提示されているが抽象的である。または、自分や社会との結び付けが弱い。	今後の課題に触れていない。

　生徒の自己評価、相互評価で用いる際には、このルーブリックの表現に、もう少し具体的な状態を書き加えて以下のような形に加工して使いました。

132

評価項目	A	B	C
①問題意識を明確に提示している ↓該当するレベルに○ A ・ B ・ C	オリジナルな問題意識を明確に提示している。 →入手可能なすべての先行研究と比較して、自分の問題意識の独自性を説明できる。	問題意識を提示しているが、独自性はない。 →先行研究をいくつか見たが、他にも調べるべきものがある状態だった。 →先行研究の問題意識と自分のものは大きく異ならない。	問題意識の所在が明らかでない。 →まとめているうちに何を調べているか分からなくなったことがある。
上記のレベルと判断した理由を具体的に			
②問題解決の方法、経過が書かれている ↓該当するレベルに○ A ・ B ・ C	問題解決の方法、経過が論理的で、わかりやすく書かれている。 →その方法を採った理由や、その手法の限界などにも言及がある。 →いつ、どのように研究を進めたのか、必要な情報が順を追って書かれている。 →第二期の結果と第三期の研究方法や内容のつながりがわかりやすく説明されている。	問題解決の方法、経過が書かれているが、わかりにくい部分がある。 →方法は書いてあるが、その妥当性を検討していない。 →いつ、どのように研究を進めたかについて、欠けている内容がある。 →第二期の結果と第三期の研究内容のつながりの説明がないか、分かりやすくない。	問題解決の方法、経過が書かれていない。 →方法の批判的検討、問題解決の経過の少なくともどちらかの記述がない。
上記のレベルと判断した理由を具体的に			
③問題解決の結果がまとめられている ↓該当するレベルに○ A ・ B ・ C	問題解決の結果が、適切にまとめられている。 →問題解決のため必要な情報が過不足なく示されている。 →情報と情報の関係が正しく、的確に示されている。	問題解決の結果が書かれているが、まとまりが弱い。 →問題解決に必要な情報の一部が足りないか、余分な情報がある。 →情報と情報の関係を記述しているが、曖昧な箇所がある。	調べた結果の羅列で終わっている（まとめられていない）。
上記のレベルと判断した理由を具体的に			

④今後の課題が明示されている ↓該当するレベルに○ A　・　B　・　C	今後の課題と自分の将来や社会の未来との結び付けができている。	今後の課題が提示されているが抽象的である。または自分や社会との結び付けが弱い。	今後の課題に触れていない。
上記のレベルと判断した理由を具体的に			

注

1　文部科学省「高等学校学習指導要領解説　総合的な探究の時間編」(平成 30 年 7 月)

2　勤務校のルーブリックの例を節末の付記2に掲げましたので、ご参照ください。

3　戸田山和久『新版論文の教室　レポートから卒論まで』(NHK ブックス 1194、2012 年)pp.126–128 参照。

4　「やさしい日本語」とは、日本語を母語としない人に対して伝わりやすいように工夫した日本語表現のことです。詳しくは、庵功雄『やさしい日本語　多文化共生社会へ』(岩波新書 1617、2016 年)をご参照ください。

5　後藤芳文・伊藤史織・登本洋子『学びの技　14 歳からの探究・論文・プレゼンテーション』(玉川大学出版部、2014 年)

6　福澤一吉『文章を論理で読み解くためのクリティカル・リーディング』(NHK 出版新書 132、2012)、大出敦『クリティカル・リーディング入門　人文系のための読書レッスン』(慶應義塾大学出版会、2015 年)

7　新版、産業図書、2012 年

8　薄井道正「初年次アカデミック・ライティング科目における指導法とその効果—パラグラフ・ライティングと論証を柱に—」(「京都大学高等教育研究」21、2015 年)

4　受験小論文・補習授業での使用

右寄せ

今村敦司

（1）高大接続と受験小論文について

　高等学校における小論文は、「書くこと」の指導の一部として取り上げられています。しかし近年、大学の初年次教育でもこの分野の指導に手を入れるようになってきました。「書くこと」の高校大学の連続性が重要視されるようになってきたのです。だからこそ、入学時にその力を見て合否を決める大学の中には、適性を見るための小論文を課すという傾向が最近強くなってきました。特に人と対面する職業に就く資格を取る学部（教育系や医学系）に多くなっています。また論理を重要視する法学部も小論文を課すことが多いです。近年では一日図書館や研究室で調査をさせて最終的に論文を課すタイプの入試が出てきました。2021年度入試から、「総合的な探究の時間」で書いた課題研究の内容が入試の合否に使われるようにもなります。小論文が書けるようになることは受験においてますます重要になってきています。

　大学入試の小論文は合否を決めるために課され、優劣が点数化されます。小論文で扱う内容は様々ありますが、賛成したからとか、この内容を書いたからとかいう理由で優劣は決まりません。しなければならないのは、意見文を書く時に考えることと同様、自分の考えを論理的に書くことです。LWを使ってこれらの指導は可能です。

　大学入試で小論文を書くことができるようになるためには、一つ一つの文の曖昧さを取り除くことはもちろん、論理的に文章を組み立て、適切な例や引用を示したうえで、課題に答えた小論文を書くことが求められます。生徒にはこの手順と考えるべきポイントを理解してもらえたらと考えています。

　小論文の問題を解くときに考える手順は決まっており、本書は、入試小論文問題を解く手順に従ってLWで参照できる箇所を、指導事例として紹介していきます。

（2）大学入試で扱う小論文

　ここで紹介する小論文の種類と範囲について述べます。

　受験小論文は、主張を述べる文章には変わりありませんが、ただの小論文と大きく違うのは、それによって合否が決まるということです。問われるのは論理性ですが、同時に問題設定能力も問われます。出題パターンに応じて「話題」の取り出し方が異なってくるので、パターン別の練習が必要です。出題パターンは大きく分けて以下の４つあります。

パターン	A主題が単語や短い提示文で示されたもの	B課題文の読解や要約の上で意見を書くもの	C資料分析の上で自分の意見を書くもの（複数の資料を含む）	D左記B、Cを組み合わせたもの
LW対応章、内容	第三章例題1（単語から「話題」と「主張」を書く）、（「事実」と「意見」を区別する）から、単語から小論文へ導く方法を学ぶ。	第八章「要約のしかた」、「吟味をしてみよう」、「提案をしてみよう」を学び、課題文の要約から話題の抜き出し方、主張への流れを学ぶ。	第九章「データをどう比較するか」、「データをどう解釈するか」、「他の人がまとめたデータを使って立論するには」を学び、資料から小論文を書く手順を学ぶ。	第八、九章 左の欄参照

　上記のパターンに対応する前に、小論文の基本的事項である「話題」「主張」「理由」「説明」および推敲をすることに対応するLWの指導内容は、第一、三、四、五、六章にあります。また、「課題提示型」（はじめに主張を述べ、その後に理由を述べてもう一度主張を述べる型の小論文）と「問題解決型」（はじめに疑問点、問題点を述べ、その後に原因の分析と解決策の提案を述べる型の小論文）の二つの書き方にも触れます。

（3）小論文の書き方と LW
①小論文を書く以前の指導

　小論文は、いくつかのまとまった文を重ねて自分の考えを述べた文章です。従って、それぞれの文が筆者の意図の伝わるものになっていなければ、文章全体の意味するところをはっきりさせることができません。身につけておくべきなのは、一つ一つの文がわかりやすいものになっていることです。推敲するときにも、わかりやすい文にすることを意識して書くと、推敲しやすくなります。原稿用紙の使い方も小論文指導では必要ですが、残念ながらLW ではその部分に対応することはできません。

　「はじめに　意見文とは」の章では、どのようなものが意見文として適切であるかについて述べられています。受験小論文では、基本的に何かの目的となる話題のために前向きに論ずることが重要なので、正当で公共性のあるものでなければ評価されません。生徒が小論文を書くスタンスとして頭に入れさせておくべき事項です。

　「第一章　関係を考える」では、「どのような文がわかりにくいか」「文節の役割を見直す」「文の骨組みを整える」「語順を工夫する」「曖昧文（複数の意味を持つ文）を避ける工夫」といった内容が指導可能です。この部分は作文指導や国語の記述型課題の答えの書き方にも役立てることができます。

②小論文を書く

　受験小論文は、過去問題から出題パターンが予想されるものの、基本的には書く内容（話題）が生徒にはわからない状況で問題に出会います。従って、ほとんどの場合、話題に関する予備調査をその場で行うことができず、問題文中にある内容と既有知識で論じることになります。また、時間制限もあるので、効率よく手順に従って問題を解いていく必要があります。小論文の問題を解く手順を以下に示します。

　1)書くべき課題を把握（課題から「話題」の論点を取り出）し、書き方（「課題提示型」か「問題解決型」）を決める。

2)「主張」と「理由」、「説明」を考える。

3)論理的な構成(プロット)を組み立てる。←これが一番重要！

4)プロットに従って小論文を書く。

5)推敲をする。

（4）授業の実際

　勤務校の生徒は中1〜高3の国語を中心とする授業で全員一度はLWの内容を習っています。従って、小論文の指導に際してLWの内容を最初から詳しく説明する必要はなく、ここで挙げる実践は、以前に習った内容をもう一度確認をする程度の触れ方になっています。

　また、勤務校では、多様な形式の小論文に対応することが現代文の授業では難しいため、受験で小論文を必要とする生徒を対象とする補習を行いました。受験小論文は出題形式が多様であり、最終的に各大学の過去問題を解く際にはそのパターンに合わせた書き方ができるようになる必要があります。それぞれのパターンに合わせた解き方を知るところまでを基礎として、この授業で扱うことにします。

①指導計画例

　この指導例では、1回につきそれぞれ半日(3時間)の授業になります。(5日間完了)

回	学習事項	学習内容	学習方法
1		センテンスのまとめ方と小論文を書く方法を知る。	
	LW「第一章」	・語と語の関係を考える。 ・意味の明確な文を書き、曖昧な文を避ける。 ・つなぎの言葉を使いこなす。	・LW第一章の練習問題を解かせる。 ・LW第二章の練習問題を解かせる。 ・LW第七章の練習問題を解かせる。 ・自分の論をプロットに書かせる。
	LW「第二章」	・「話題」「主張」「理由」の構造を知る。	
	LW「はじめに」	・小論文を書く際のスタンスがわかる。	
	LW「第七章」	・問題から話題を確認し、何を取り上げるべきかを考えた上で自分の主張を考える。 ・課題に合わせて「話題」「主張」「理由」を構造化する。	

2		小論文を書く方法を知る。	
	LW「第四章」 LW「第五章」 LW「第六章」	・自分の主張を裏付ける理由を考え、主張と理由の論理構造を考える。 ・論理的に述べるために必要な説明について確認する。 ・反対意見を予想し、その反論を考える。 ・小論文全体のプロットを書き、論理性をチェックする。	・LW 第四章の練習問題を解かせる。 ・LW 第五章の練習問題を解かせる。 ・LW 第六章の反論を予想し、その反論を考える練習問題を解かせる。 ・構成を検討させる。
3		出題パターンへの対応方法を確認する。	
	LW「第七章」 「第三章」 LW「第八章」	・課題文が課せられた小論文にどのように対処するか確認する。 ・課題文から文章要約を経て自分の論点を絞り、小論文を書く流れを確認する。	・LW 第三、七章を読み、確認させる。 ・LW 第八章の練習問題を解かせる。
4		小論文を推敲する。	
	LW「第九章」 LW「第六章」	・データを分析して小論文を書くパターンの対処法を確認する。 ・小論文の推敲をする。	・LW 第九章の練習問題を解かせる。 ・LW 第六章の練習問題を解かせる。
5		小論文の演習をする。	
	LW「第四部」	・様々な小論文の演習を書いてみる。	・LW 第四部の練習問題を解かせる。

②指導の応用例

　本節では小論文を書くための基礎固めの補習事例としていますが、他にも以下のような指導方法が考えられます。

・高校２年生から３年生にかけて、現代文の授業において、折に触れて表に示した指導事項を少しずつ取り上げる。
・高校２年生の夏休み、春休みといった長期休業中にかけて、課題や補習で少しずつ指導していく。
・現代文のどこかの時期で、集中的に小論文指導の総仕上げとして扱う。

　各校の状況、生徒レベルに応じて、指導事項の内容や配分を変えて取り組んでみてください。

③授業の実際

○第 1 回

　第 1 回では「小論文を書く以前の確認事項」と、「小論文を書くために考えるべき事項」の確認と、「主張」と「理由」について考える授業を行いました。

　「小論文を書く以前の確認事項」とは、原稿用紙の使い方(LW では扱っていません)、文節の役割、語順の工夫と曖昧な文を避ける工夫についておさらいをすることです。具体的な指導内容は、主語と述語を正しく対応させる練習と、修飾語の語順を並べ換えて分の内容を明確にする練習をしました。意味が明確な文を書くと、推敲をする際にも楽になるので、短い時間に小論文を書き終える必要がある受験では、こういった指導は重要です。

　生徒にとって難しかったのは、「読点」の使い方です。長い文で全く読点がなかったり、読点の使い方が不適切で曖昧になった文があったりすることが多く見受けられました。そのような生徒には、文節の使い方(特に連文節のまとまりと読点の関係)を見直すように指導しました。

　一文が長くなってしまう生徒もいます。字数制限が厳しく、一字でも少なくしたいとの思いや、考えながらだらだらと書くことが原因と考えられます。そのような生徒には、一文を短く切り、接続詞でつなぐなどの対策を講じる指導をしました。

　「小論文を書くために考えるべき事項」とは、何が書かれていれば問題を解いたことになるかを知ることです。具体的には、話題として取り出すべきこと(筆者の意向をふまえた形で書くのかということや、広い話題から自分で書くことを限定する理由を書くこと等)や、「話題」、「主張」、「理由」、「説明」を考えるということを指導しました。ここが押さえられていないと、問題に答えていないことになってしまいます。

　小論文出題パターン B の「課題文の読解や要約の上で意見を書くもの」では、筆者の考えを要約させることがよくあります。そのうえで、解答者はその筆者の論のどの部分を問題としたいのかを、明確にしなければなりません。また、小論文出題パターン A の「主題が単語や短い提示文で示された

140

もの」では、例えば、「環境問題について論じなさい」等、示された話題や単語が非常に広い枠組みで示されることがあります。データの分析を伴うものでも同様です。最初に自分がどの部分について論じるのか、なぜその部分に絞るのかを明確に示してから論じる必要がありますが、生徒はその部分を書くことなくいきなり「主張」と「理由」を書き始めることが多いので注意が必要な指導事項です。

○第2回

第2回では、「理由」と「説明」を扱いました。また、小論文として「話題」「主張」「理由」「説明」がそろっているか、確認させました。

指導内容としては、まず「理由」となりうる「理由の種」を考えさせます。できるだけたくさんの観点から「理由」を考えさせ、「主張」を支える強力なものを選ばせます。次に、選んだ「理由」が「なかみの根拠」となるものか「つながり根拠」となるものかを考えます。「なかみの根拠」となるのであれば、正しさが何に保証されているかを探らせます。このデータに客観性があるか、またどこにあるデータかなどを考えたり探したりします。「つながり根拠」となるのであれば、その「理由」が主張を支えるのに論理的かどうかを検討します。

論理の飛躍を防止する指導もここで行います。書かなければいけない前提を書かない場合に、論理の飛躍が生じます。生徒の頭の中では自明の理であっても、客観的にはそうならないことに気が付くためには、自分の論理を一度客観視するための方法を知る必要があります。LWの第四章を学ぶことにより、その視点を持たせ、独りよがりの論から脱却させる眼を持たせる指導をここで行いました。

いくつかの観点から理由を考えさせる際には、「なかみの根拠」と「つながり根拠」の二つをしっかりと考えさせ、論理に破綻のないような構成を考えさせます。「つながり根拠」を書く際には、必要に応じて「説明」を入れることも大切です。

次に、構成を考える指導を行います。小論文で最も大切なのは構成を考え

ることです。なぜなら、構成の論理性が小論文の評価を決めるからです。小論文の書き方を知らない生徒は、構成をしっかりと考えずにいきなり書き出します。制限時間の3分の1は構成を検討する時間に充てさせたいものです。

　まずは、何を、どのような順で書くのか、箇条書きで構成を考える指導を行います。次に、箇条書きにした構成メモの論理性を検討します。構成が決まったら箇条書きの内容を肉付けして、本文を書き始めさせるという手順で指導を進めます。

　難しかったのは最初の主張と最後に主張の統一を図ることです。最初と最後に主張を述べる「双括型」で書く場合に、最初に書く「主張」と最後に書く「主張」が異なってしまいがちになります。特に考えながら書くとこのような間違いを犯しやすくなります。これに対する指導は、小論文を書くことに慣れないうちは、最初の「主張」と最後の「主張」の書き方をそろえて書くことです。その上で最後の「主張」とその前の文の流れの関係を確認させると、論理の破綻を防ぐことができます。

　制限字数に余裕のある時には、「確かに〜、しかし〜」といったパターンを用いて予想される反論とそれに対する再反論をする論じ方も必要です。自分の主張に対する予想される反論が、それなりに合理性がある場合には、その反論にも触れる必要があるでしょう。生徒はこのような書き方をするときの結論の持っていき方に難しさを感じるようです。その際の指導としては、何が一番大切かという軸を示した上でバランス論に持っていき、自分の「主張」と「理由」を明らかにするという書き方を考えさせることが有効です。

　この時間では、小論文の書き方（「課題提示型」か「問題解決型」）を考えることもさせます。出された課題によって書きやすい型を決めて書く演習を行います。そして、書いた文章について、「話題」、「主張」、「理由」、「説明」が論理的に書かれているかをチェックする指導も併せて行います。

〇第3回
　第3回からは、小論文の出題パターン別の対応方法を指導します。この時間は、A「主題が単語や短い提示文で示されたもの」とB「課題文の読解や

要約の上で意見を書くもの」の2つの小論文への対処の方法を指導します。

A「主題が単語や短い提示文で示されたもの」は、芸術系の大学の小論文に多く見られますが、科学技術を扱うことの是非を理系の学部に進学する生徒に課す大学もありますので、対応が必要です。この型は書かせる話題が具体的な内容であれば、解くのにめどがつけられるのですが、抽象的な単語になるとやっかいです。本書では扱っていないのですが、まずはリンクマップを使って思考の幅を広げる練習をします。次に、中心の語から枝分かれした関連事項のうち、設問に合う筋を見つけ、課題を設定する練習をします。設定した課題が適切かどうかを考えるには、「第三章」の「話題」「主張」を考えるところが役に立ちます。

B「課題文の読解や要約の上で意見を書くもの」では、課題文が課せられ、その内容の読み取りや要約を課した上で、小論文を書くというパターンが多いです。この課題文が英語で書かれていたり、超長文だったりすることもあります。さらに、複数の文章を読み、内容を比べた上で自分の考えを論ずるものも出題されるようになってきましたが、まずは課題文に書かれていることをしっかり読み取ることから始まります。これは現代文の記述型の読み取り問題でもありますが、指導としては、LWでは第八章 p.141 から書いてある文章要約の練習を行います。

次に、「主張」をするための課題設定の手法の指導をします。筆者の意見はどのようなものかを把握したうえで、自分の立場(賛否)とその理由を考える指導を行います。第八章に適切な問題が掲載されていますので、それを解かせる指導をします。

最近では、契約事項や取扱説明書などを扱った文章も出題されています。これらの文章は、小説や評論文と違って、重要な事柄が一カ所しか出てきませんので、ピンポイントで書かれている内容を見つけなければならないという特徴があります。

生徒にとって難しいのは、課題文を要約した内容をどのように小論文に反映させればよいかということです。要約と自分の論の関係が明らかにされていないので、筆者の論を踏まえた小論文になっていない例がよく見られま

す。また、生徒からから「そもそも、どのように筆者の意見を踏まえるの
か、わからない。」といった質問を受けることもあります。課題文を要約し、
自分が取り出したい話題を見つけ、その部分において主張と理由を考えてい
く。この流れを生徒に指導することで解決を図ります。

○第 4 回

　第 4 回は、C「資料分析の上で自分の意見を書くもの(複数の資料を含む)」
への対応と、小論文の推敲について指導しました。データ分析のデータは一
つではなく、複数ある場合もあります。この場合は、複数のデータを比較し
て論点を見つけさせる必要があります。

　指導事項としては、データの分析の方法を練習します。最大値、最小値、
傾向など、いくつかの観点でデータを比較、分析させます。年が入ったデー
タでは、その年に何があったかという既有知識も関連付けて考える必要があ
るので、そのような練習もします。さらに、近代史や、人口ピラミッドの特
徴を確認したり、普段のニュースに目を向けさせたりすることも必要となっ
てきます。

　また、自分の論を展開するためにはどんなデータが必要か、LW 第九章で
しっかり確認させます。データは「なかみの根拠」になります。出されたデー
タのどれを使うか、出されたデータだけで自分の主張が成り立つのかを考え
させる必要があります。

　課題文とデータが混じっていたり、複数の資料の関係を述べさせたりする
等の複合的な出題もあります。対処の方法はそれぞれの時間で述べたことに
変わりませんが、文章や資料の関連づけが必要になってくる分、難易度が上
がります。

　生徒にとって難しいのは、データの分析の結果の因果関係を正しくとらえ
ることです。その場合は、あるデータの分析結果が原因なのか、もっと深い
原因があり、その原因だと考えていたことが結果に過ぎないのか、よく考え
させる指導を行います。

　小論文の推敲では、まずは「理由」の適切性について吟味をする指導を行

います。自分が考えた「理由」が、論理的に「主張」を支えているのかを検討させる指導を行います。論理構成に破綻がないか検討出来たら、LW 第六章「意見文のためのチェックリスト（pp.115–116）」を利用して、書かれている文に曖昧な表現はないか、もっと適切な表現はないか確認します。次につなぎの言葉や例示の適切性を確認させます。最後に文体と誤字脱字です。このことだけで一度文章を読み、確認させます。

○第 5 回

　受験小論文は、A「主題が単語や短い提示文で示されたもの」、B「課題文の読解や要約の上で意見を書くもの」、C「資料分析の上で自分の意見を書くもの（複数の資料を含む）」、D「B、C を組み合わせた複合的なもの」といった四つのパターンの問題を、「課題提示型」と「問題解決型」の二つの書き方から選んで書きます。合計 8 パターンの書き方があるので、どのような問題がその書き方になじむのか経験する意味で、演習します。

　第 4 回までは小論文の書き方のパーツの部分をそれぞれ指導してきましたが、第 5 回は、小論文の課題を、今まで学んだことを駆使して書かせて、それを個別に添削するという授業になります。ここからが一番指導のしがいがあるところです。生徒ができていない箇所を指摘し、LW に戻ってもう一度見直すことを繰り返すうちに、注意すべき点に気を付けて書けるようになっていくものです。ここまでの指導事項が一斉授業で行う補習の対象内容になります。

○補習後の小論文指導

　一通りのパターンの小論文を書けるようになった後は、自分の受験する各大学の過去問題を解いていくことになります。生徒は過去問を解く中で自分が知るべき語句の意味を知るようになり、語彙が増えます。また専門的な文章を読むことが増えるので、自分の受ける学部に関する既有知識が増えます。ただし、指導者側からすると、この領域はもはや一斉授業では不可能ですので、これからは個別の対応になります。

　LW の書かれている内容の復習をさせる形で添削を進めることで、生徒の小論文の質が向上していきます。単に「ここができていない」と赤ペンで書くだけでなく、「LW のここの部分ができていない」というように、具体的に復習する箇所を指摘した指導を心がけてください。

○今後の課題
　受験小論文指導は、最終的には一斉授業では不可能になります。基本的な事項を確認する子の補習の例についても、30 人を超えると難しくなります。教師が生徒個人の書いたものを読み、添削をして返すには時間がかかりすぎるからです。そのような意味では、LW を使ってできる部分は生徒同士で課題を添削し合う形の指導も取り組んでみる価値があると考えます。評価の観点をチェックリストとして作成すれば、教師の負担も軽くて実践できるようになります。できることは思い切って生徒に任せることで、多くの生徒が指導を受けられる実践をこれからも考えていきたいです。

第3章

大学での実践

千葉軒士（中部大学現代教育学部）

はじめに

　本章では、大学での LW を利用した授業実践例と、学生の反応を示します。ここで報告するのは、中部大学経営情報学部経営総合学科 1 年生を対象とした授業です。今、多くの大学で文章表現法といった学生のライティング向上を目指す授業が設置されていますが、そこで求められる技能は、多岐にわたります。たとえば、正しい日本語の記し方であったり、ビジネス文書・履歴書の書き方といった就職活動に結びつくものであったり、大学で記すレポート・卒業論文を書くために必要なスキルであったり、大学によってその姿は大きく異なります。しかし、このテキストが求めるのは、単に大学でのレポートを書くための型を学ぶだけではなく、学生個人の論理的な思考力を育成し、そのうえでレポートを構成する能力を養うことです。ここでは、それらを主眼においた授業展開の一例を紹介します。

1　LW を使った授業

　中部大学経営情報学部経営総合学科では、2016 年度より 1 学年の後期に全学生を対象とした「レポート・論文作成法」という授業を開講しました。この開始初年度から LW をメインのテキストとして採用しています。この「レポート・論文作成法」の 2016 年から 2018 年の 3 年間の実践内容を示します。

1.1　中部大学での授業「レポート・論文作成法」について

　中部大学では、2011 年度よりいわゆる文章表現法にあたる「日本語スキル A」という授業を開講しました。この科目は、大学生に必要な日本語の運用能力の基礎を学ぶ科目として全学的な要請の下で設置し、大学 1 年生向けに開講したものです。シラバスには「日本語スキル A」の「カリキュラムにおける科目の位置づけ」を以下のように記載しています。

　全学共通教育科目の「スキル科目」に属する科目である。中部大学の基本理念・教育目的にもとづく大学教育を受けるために、学部学科に共通して必要となる学びのスキルの習得を目的とする。この科目では特に、学部や専門分野にかかわりなく、日本語に関する基礎的な知識・素養を身に付け、大学生の基礎スキルとしての日本語運用能力の向上を目指す。すべての学部学科の教育目的につながる基礎的な科目の一つである。

　この位置づけに基づき、中部大学ではオリジナルテキスト『日本語スキル』(学術図書出版社)を作成し、現在学内のすべての学部において同じ内容と進度で授業を展開しています。授業担当教員は、日本文学・日本語学・日本語教育学を専攻する教員および非常勤講師あわせて14名です。そのうち、現代教育学部の教員2名(筆者含)がこの日本語スキルの主担当として運営・調整を行っています。

　この授業編成により、中部大学経営情報学部経営総合学科でも「日本語スキルA」の授業が展開されましたが、この授業を受けてもなお、大学で課されるレポートを学生が書けない、そもそもレポートの書き方を全く理解していないという反応が学内でありました。それは、「日本語スキルA」があくまで大学生の基礎スキルとしての日本語運用の向上を目指す授業であって、この半期の授業だけでレポートを記すための技能を身に付けることまで十分に考慮されていなかったためです。この現状を踏まえて、2015年に経営情報学部から日本語スキル担当教員に「日本語スキルA」をさらに発展させ、レポート執筆に特化した授業実施の要請がありました。そこで「日本語スキルA」担当教員であった筆者が授業カリキュラムを編成し、授業名「レポート・論文作成法」としてデザインし、2016年からこのテキストを利用した授業が始まりました。現行カリキュラムでは、1年生前期に「日本語スキルA」を受講して日本語運用能力を養成した後、1年生後期に「レポート・論文作成法」受講することを推奨しています。

2 「レポート・論文作成法」の基本情報

「レポート・論文作成法」の基本情報を以下に示していきます。

2.1 シラバス

授業の主旨 （概要）	自分の伝えたいことを確実に伝え、かつ他人に理解・納得してもらうには、自らの意見を論理的に整理した上で表現する必要がある。そしてその能力は、学術活動はもちろん、社会生活を営む上でも欠かせないものである。 本講義では、自らの意見を論理的に表現する能力を身につける。そのために、まず論理的な表現に求められる基礎的な知識や技術を確認する。また実践として意見文・小論文の作成・添削を行い、受講者それぞれの表現能力の向上を目指す。
具体的達成 目標	この科目における具体的達成目標は以下の通りである。 1. 自分の文章を推敲し、読み手の立場に立った文章を作成できる。 2. 論理的に自らの意見を文章化できる。 3. データを基にして一貫した論理に基づいたレポートが書けるようになる。
授業計画	1　【内容】オリエンテーション　授業概要、および内容、教科書の説明 　　【授業外学習】LWpp.ⅲ–ⅴの学習および授業の復習 2　【内容】基礎1　意見文とはどのような文章か 　　【授業外学習】LWpp.3–7の学習および授業の復習 3　【内容】基礎2　言葉と言葉の関係を考える 　　【授業外学習】LWpp.11–34の学習および授業の復習 4　【内容】意見文を書くための準備1　意見文のつくり 　　【授業外学習】LWpp.41–50の学習および授業の復習 5　【内容】意見文を書くための準備2　「話題」と「主張」を書く 　　【授業外学習】LWpp.55–68の学習および授業の復習 6　【内容】意見文を書くための準備3　「理由」を書く 　　【授業外学習】LWpp.71–91の学習および授業の復習 7　【内容】意見文を書くための準備4　「説明」を書く 　　【授業外学習】LWpp.95–112の学習および授業の復習

	8 【内容】復習テスト、意見文を書くための準備 5　意見文を書くためのまとめ 【授業外学習】LWpp.115–129 の学習および授業の復習
	9 【内容】意見文を書くための注意点 1　他者の考えとよりよく関わるために必要なこと、意見文を書く 【授業外学習】LWpp.133–137 の学習および授業の復習
	10 【内容】意見文を書くための注意点 2　他者の考えを要約して吟味して提案する、意見文の相互評価 【授業外学習】LWpp.139–158 の学習および授業の復習
	11 【内容】意見文を書くための注意点 3　データを使って立論する 【授業外学習】LWpp.161–179 の学習および授業の復習
	12 【内容】意見文を書くための注意点 4　引用の方法 【授業外学習】LWpp.185–192 の学習および授業の復習
	13 【内容】意見文を書く(2 回目) 【授業外学習】意見文のテーマ決めと材料集め、および授業の復習
	14 【内容】意見文の相互評価(2 回目) 【授業外学習】意見文の練り直し、および授業の復習
	15 【内容】小論文の執筆　総まとめ 【授業外学習】授業の総復習および作文の見直し
授業方法	講義の他に、問題演習・文章作成などを交え、教科書に沿って授業を進める。
成績の評価方法	以下の 1 〜 4 を総合して評価する。
	1. 小テスト　30%
	2. 課題提出　20%
	3. 意見文・小論文　30%
	4. 復習テスト　20%
成績の評価基準	上記の 1 〜 3 を 100 点満点で評価し、60 点以上を合格とする。
教科書	『はじめよう、ロジカル・ライティング』名古屋大学教育学部附属中学校・高等学校国語科　ひつじ書房

2.2　対象学部、学科、学年

《経営情報学部経営総合学科　1 年生(全員対象(約 270 名、男女比 8:2))》

　同一授業を 8 講座開講しています(月曜日 2 時間目に 3 クラス、月曜日 3 時間目に 3 クラス、月曜日 4 時間目に 2 クラス。1 クラスの受講者は平均

30 名程度）。なお、「レポート・論文作成法」は必修科目ではありませんが、学部教員が学生に履修を強く勧めることもあり、ほぼすべての 1 年生が受講します。また上級生も希望によっては受講が可能です。現状、他学部の受講はできません。経営総合学科の学生のみが受講するため、経済、経営に関するテーマに強く興味を持つ学生が多く、実際のレポート執筆を練習する際には、テーマを絞りやすくなっています。

2.3　担当教員

　1 年生向けの文章表現法にあたる「日本語スキル A」を担当する専任 1 名（筆者）、および非常勤講師 4 名で運営しています。「日本語スキル A」担当教員が授業を担当することで、前期から引き続き学生の指導を行うことになり、学生との円滑なコミュニケーションが可能となっています。

2.4　成績の評価方法
①小テスト（30 点分）

　「レポート・論文作成法」では、初回「オリエンテーション」、8 回目「復習テスト（中間試験）」、15 回目「小論文の執筆」を除く残りすべての回で授業の最初に小テストを実施しています。8 回目の復習テストではテキスト内容の理解度を、各小テストでは今後レポートを書くために必要となる難解語彙の学習や、教員にレポートを提出する際に必要となるメールの書き方、就職活動で必要となる敬語の能力を問いました。LW は論理的な思考を育成するためのテキストであるため、専門的な知識をあまり要求しません。しかし、それだけでは様々な参考文献を読み解く能力は向上しません。小テストには、この知識の部分を学生の授業時間外での学習によって満たそうという意図があります。

　この小テストに向けて、本学では別資料を作成しました（巻末資料）。初回授業時に、テキストとは別の小テスト学習用教材（計 10 ページ）を印刷し、全受講生に配布、各自に自主学習を促しました。教員が毎週、学生に対して小テスト範囲を指定し、学生がその範囲を学習します。その範囲から、学生

の理解度を問う小テストを行います。ただし、この小テストには、学生の自発的な学習を期待するとともに、毎回の授業に積極的に出席させる効果もあります。小テストは毎回10問（1問1点）で、計12回行い、答案は教員が毎週採点し、返却はしません。各回の点数を記録し、30点分に換算した後に、成績に加算しました。

②課題提出（20点分）

　「レポート・論文作成法」では、LW内にある問題を、著者である名古屋大学教育学部附属中学校・高等学校国語科からご提供いただいたワークシート（以下、WS）を適宜変更の上配布し、課題として使用しました。毎回の授業で扱う単元のWSを人数分印刷し、学生に配布します。学生はこのWSに問題の解答を記入します。そして授業内で模範解答などを示し、学生が採点・修正を行います。その後、毎回教員に提出します。教員は学生の提出物の取り組みを確認し、確認印を押し、次回授業で返却します。さらに学習効果を上げるために、各自にノートを用意させ、この返却物を貼り付けさせ、最終的な目的であるレポートを作成するための作業過程をまとめさせました。これは、授業が1回で完結するものではなく、連続したものであることを学生に理解させるためでもあります。このノートを全15回の授業を通じて2回提出させ、1回の提出を最大10点として、WSの取り組み具合に応じて加点しました。このノート提出を課すことで、毎回の授業で学生がしっかりと課題に取り組むようになります。

③中間試験（20点分）

　8回目に中間試験にあたる復習テストを実施しました。テストの問題は、テキストの練習問題を中心に構成しました。この復習テストは、テキストを復習させるための試験であり、テキストの内容を学生が再度読み直す機会を作ることが目的です。そのために学生にとって全くの初見となるような問題を出すことはしませんでした。100点満点のテストで、学生の取得点数を20点分に換算しました。内容詳細は後述します。

④意見文・小論文提出（30 点分）

　合計 3 回提出します。授業の前半で学ぶ意見文を構成する要素を踏まえて、9 回目の授業で、意見文（10 点分）を執筆、提出します。この意見文をさらに加筆修正させ、13 回目に再提出します（10 点分）。最後の 15 回目の授業で LW の巻末の問題のいくつかを選択し、学期末試験の位置づけで小論文（10 点分）として提出します。採点基準についても後述する評価シートを元に教員が採点します。

3　LW を使った授業の実践報告

各回の授業で行った内容を記していきます。ここで、示す答案は実際の授業で出された学生の反応です[1]。

○第 1 回
【内容】オリエンテーション　授業概要、および内容、教科書の説明
【目的】授業内容の説明、最終的な到達目標の確認

　初回は受講学生の確認、授業のオリエンテーションを行いました。まず、テキストの内容確認、シラバスの説明、成績評価の説明、小テスト学習用教材の配布を行います。その後、学生にレポートの記入経験を確認しました。本学の学生に関して言えば、大部分の学生が 1 年生前期にレポートを書くという経験をしていません。それを確認したうえで、学生が現在、自らの意見を述べる際にどのような文章を記すのか確認するために作文を課しました。テーマは各教員に任せましたが、筆者のクラスでは、LW で記されているテーマに関連付けるため、以下のテーマとしました。

課題　「大学にサークル（部活）は必要か」
原稿用紙・（400 字）を配布、記入時間は 30 分。

●学生の解答1

　　私は大学生にサークルは必要だと思います。なぜなら大学生になる
と、高校の時よりもバイトの制限がなくなり、遅くまで働き、お金を
稼ぐことができ、それによりたくさんご飯を食べたり、お酒を飲む機会
が増え、少なからずそんだけ食べたり飲んだりして太ってきてしまうの
で、そんな時部活やサークルをやっていれば適度に体を動かすことがで
き、不健康な状態を防ぐことができます。また部活では先輩との上下関
係がとても大切なので、社会でこれから必要となるマナーや礼儀、周り
との協調性なども身につき、自分にとってプラスになる面が多いので、
私はサークルや部活は必要だと思います。

●学生の解答2

　　私は大学生に部活は必要ないと思います。小さい頃からスポーツをし
たり、中学生・高校生では部活をしたりしてきたと思います。なので、
大学生になって部活をするよりかはバイトなどでいろいろな経験をした
り、高校生までには経験できなかったことをどんどんしていったほうが
自分のためになると思います。

　　大学に通っているほとんどの人がいずれは就職すると思います。その
ために資格を取ったり、自分のしたい仕事を見つけて体験したり、その
仕事について勉強した方がいいと思います。

　学生は、1年生前期に「日本語スキルA」という授業を受け、若干ではあ
りますが論理的な文章を書くトレーニングを行っているものの、LWで習得
しようとしている能力である「他の考えを持つ人も認めざるを得ないよう
な、正当な内容であること」、「他の考えを持つ人もこの意見に従ってもらう
価値(公共性)がある内容であること」を満たすものとはいえない作文が多く
提出されます。また解答1に見られるように、文のねじれ、一文が長すぎて
語の関係性がはっきりしないような文、解答2に見られるような公共性に
欠ける文、自分の思い込みが強く見られ、他者を説得するには不十分と思わ

れる文章が多く提出されます。このように受講する学生の現在の文章構成力を、十分に把握したうえで授業を実施すると、その後の指導の方向の決定、扱う教材の選別が行いやすくなります。

○第 2 回
【内容】基礎 1　意見文とはどのような文章か
【学習範囲】pp.3–7「はじめに　意見文とは」
【目的】意見文とはどのような文かを確認する

　前回提出された作文に、教員が確認印を押す、あるいは一言コメントを記入して、返却します。これにより、毎回の提出物を教員が確認していることを学生が理解します。さらに教員が提出物を見ているという意識が、授業への積極的な参加につながります。また、毎回の添削が難しい際は、ランダムで学生の回答を取り上げ、画像を取り込み、プロジェクターで投影し、学生を匿名にした状態で公開添削を行うこともありました。

　次に、クラスの学生を 3 〜 4 人程度のグループに分けます。p.3 の例題 1 を読み、自由な議論を行わせ、グループ内での意見を作り上げるという作業を行いました。その後、各グループに発表してもらいます。学生の回答は、「ルールを守らない学生が悪い」「ルールにはしっかりと従うべきだ」という学校の決定に正当性があることを主張する意見が多く見られました。この反応を確認したうえで、p.4 を詳細に説明し、このテキストで考える意見の定義を明確に伝えます。この定義に基づいて、全 15 回の授業が行われるため学生に確実に理解してもらえるようしっかりと説明することが求められます。その後、p.5 の例題 2 をグループで WS に実施し、授業後に WS を提出させます。学生からは様々な回答が出されますが、ここではこの例題の問題点を的確にとらえた学生の回答を示します。

● p.5　例題 2　意見文 1　学生の解答
・2 文目が長く、だらしなく（話し言葉に）なることによって説得力がなくなっている。私の周りの話ではなく、クラブハウス利用者全体の話である。

- 7時閉鎖がいきすぎかもしれない、というあいまいな考えであるし、7時がいきすぎならどうするのが良いかという意見を出すべきである。
- 「〜かもしれない」や「〜すぎ」のように曖昧な表現や意見文を書くことにあまり適していない書き方が多くあるように思えた。
- 最後の下線部に対して、私の周りの人がルールを守る人であっても、私の周り以外にも多くの学生がいると考えられるので、自分たちを中心としてルールをつくるようなことは自己中心的な発想であると思います。

●例題2　意見文2　学生の解答

- 自分がどうしたいかの話ではなく、クラブハウス利用者全体の話である。また、クラブハウスに夜中まで残っているのが問題であって、補充授業が行われていることは無関係である。
- たとえ僕自身が夜中に騒いだ学生とは無関係であっても、個人の都合によってルールを変えることこそ不平等であると思います。
- 今までよかったものが、突然ダメだと言われるのはたしかに疑問に思います。しかし、ルールを変えることは時間の流れと共に必要であることだとも思います。また、補充授業の話はここでは関係ないと思います。さらに、改善策があげられていないので、説得力がありません。

●例題2　意見文3　学生の解答

- 何を踏まえて、学校側がリスクを恐れ、規制することばかり考えていると言えるのか、根拠や原因であるものが全く示されていない。
- クラブハウスの利用規制によって何故、日本社会の損失にまで話が大きくなっているのか、読む側が納得できる文になっていない。
- 意見文で、いちいちめくじらを立てる、という表現は良くない。ルールを増やすだけで、「日本社会」まで言うのはおかしい。一方的に自分の主張を述べている。

●例題 2　意見文 4　学生の解答

・クラブ活動の醍醐味は活動そのものよりも活動後の部室でのおしゃべり
　にあるというのは個人的な意見です。おしゃべりをするのなら部室でな
　くてもできると思います。両親や先輩の話は現在の問題とは無関係だと
　思います。反省していなく、ただおしゃべりがしたという考えなのだと
　感じます。

・両親という話も、去年卒業した先輩の話も一個人の話なので、意見文に
　なり得ない。

・自分の親や、先輩が言っているだけで、何の解決策になっていない。個
　人的な主観で言っていて、良い思い出にはなるけれど、他人に迷惑をか
　けることに変わりない。

〇第 3 回

【内容】基礎 2　言葉と言葉の関係を考える

【範囲】pp.11–34「第一章　「関係」を考える」

【目的】一文を書くことの大切さを認識する。

　　前回の WS の返却を行い、教室内でどのような意見が出たか、どのよう
な意見が他に考えられるかの確認を行います。

　　第一章は、一つ一つの文をしっかりと書けることを目指す回であり、本学
の学生が苦手とするところであるため、じっくりと取り組ませたい単元で
す。しかし、分量が多く、90 分の授業ですべてを扱うことは難しいため、
必要な部分を担当教員が選択しなければなりません。

　　そこで、まず p.11 の例題 1、p.13 の例題 2 を WS に実施し、この例題の
文章の問題点を確認します。その後、言葉の関係性を考えるために、p.17
例題 4 を WS に実施します。この単元では、様々な解答が出てくるため、
積極的に学生を指名して発表させるようにしています。他の学生の解答を聞
き、教員のイメージする模範解答とは全く異なる同世代の学生の反応を知る
ことは、学生にとって新たな学びとなるようです。次に、日本語の語順を考
えるために、p.17 の例題 5 を実施します。「この形でなければならない」と

いうように具体例をこちらから提示するのではなく、どのような表現が他者
(読み手)にわかりやすいかを学生に議論させると盛り上がりを見せます。さ
らに、p.22 の例題 6 を実施します。この問題を実施すると、すぐに複数の
解釈に思い当る学生と、そうではない学生がいます。どうすれば文が自分
の意図するままに相手に伝わるだろうかと考えながら、文を記述していくこ
との大切さを説明し、他者(読み手)を意識した文章の記述の必要性を考えま
す。その後、pp.31–34 の練習問題を WS に実施します。時間の関係上、す
べての問題を扱うことはできないため、筆者は読み手への意識徹底を目的と
して、練習問題 3、4、5、6 に絞り実施しました。時間の許す限り、学生を
指名し、解答の発表をさせると、様々な答えを学生が聞く機会ができ、相
手に伝わりやすい文章とはどのようなものかを考えるきっかけにつながりま
す。授業後に練習問題を実施した WS を提出させます。学生の反応として、
あいまいな文に関しては、一義的にしかとらえられず学生が悩むケースが多
く見られます。また解答を記入したものの十分な識別ができていないものも
目立ちます。この単元は扱う内容が多く、90 分で 1 章を終わらせるのが難
しいため、時間に余裕があれば 2 週に分けたい章です。また本学の学生の多
くは、文法用語への理解が不十分なために、新たな説明が増え、授業の進度
が遅くなりました。学生の状況、授業時間数に応じて扱うべき項目を厳選す
る必要があります。

〇第 4 回
【内容】意見文を書くための準備 1　意見文のつくり
【範囲】pp.41–50　「第二章　意見文のつくり」
【目的】意見文に欠かせない要素を確認する
　前回の WS の返却を行い、あいまいな文に対して詳細に解説し直します。
第二章は、意見文を書く際に欠かすことのできない要素を確認する回で、学
生の書く作文に不足しがちなものを確認していきます。2 回目授業時に実施
した pp.5–6 の例題 2 に対して、各自が記した内容を再確認させます。この
意見文の良くない点を確認したうえで、テキストを読みます。意見文に欠か

せない要素、「話題」「主張」「理由」「説明」の必要性を解説します。例を挙げ、どれか一つが欠けても、良い意見文にならないということを確認していきます。p.43 の例題 1 を p.44 の例題 2、p.46 の例題 3、p.46 の例題 4 を実施し、学生を指名し、解答させます。この章で取り上げる例題は学生には簡単なようで、授業が淡々と進んでいきます。その後 p.50 の練習問題を WS に実施します。この練習問題を実施すると、学生が「話題」と「主張」をまぜてとらえている回答が多く見られます。

● p.50　主な学生の解答

① 「話題」は何でしょうか。

- ・以前のように春と秋の二度の開催を復活させたい。
- ・お祭り費用の問題などが原因で年 1 回になった。
- ・地域住民のお祭り。

　このように話題を的確にとらえられず、④と⑤の問題の違いを明確に把握できていないケースが見られます。

④ 「話題」を支えている「説明」に当たる内容を書きましょう。

- ・地域住民の楽しみが増えたり、住民間の結束が増したりすることでより暮らしやすい地域になるように思います。

　この章は「意見文のつくり」を確認する項であり、一つの章としては内容量が少ないため、前章と合わせて 2 回で行うことが可能です。また、後ろに続く、実際の「話題」「主張」「理由」を書く部分と先に絡めてしまうことでも、学生により意見文のつくりを実感させることも可能です。

○第 5 回
【内容】意見文を書くための準備 2　「話題」と「主張」を書く
【範囲】pp.55–68　「第三章　「話題」と「主張」を書く」

【目的】「話題」を作り出し、そこから「主張」を記す

　前回の WS の返却を行い、特に「話題」と「主張」の違いを再確認します。第三章では「話題」と「主張」に触れるため、ここの確認が大切です。

　2回目の授業時に扱った pp. 5–6 の例題 2 の意見文 3 についての記述を再確認し、何がよくなかったかを再検討します。その後、話題を的確にとらえる必要性を説明します。p.58 の例題 1 を実施しますが、その際ここにある事柄を学生自身に変更させ、解答を記すと、より興味をもって作業に取り組みます。筆者が担当したクラスでは、学生の提案で「スマホ」「ボランティア」に変更しました。

● p.58 例題 1　主な学生の解答

① 「スマホ」

【家族への話題】　家族全員がスマホを持つべきか。→持つべきである。
　　　　　　　　　格安スマホに変えるべきか。→変えるべきではない。

【友人への話題】　どのスマホを持つべきか。→ iPhone を持つべきである。
　　　　　　　　　スマホは必要か。→必要である。

【一般の人への話題】　ながらスマホに罰則を与えるべきか。→与えるべきである。
　　　　　　　　　　　スマホ依存は危険か。→危険である。

② 「ボランティア」

【家族への話題】　東京オリンピックのボランティアに参加するべきか。→参加するべきである。

【友人への話題】　海外ボランティアに参加するべきか。→参加するべきである。

【一般の人への話題】　ボランティアは無償であるべきか。→無償であるべきである。

　実際に問題に取り組ませると、家族、友人、一般という対象の違いに応じて話題を上手く分けられない学生が見られます。これは、話題に対する理解

の度合いの差によるもので、この点で「公共性」というものを上手くとらえられない学生がいることがわかります。また、この問題に取り組ませることは、学生が誰に向けて自分の意見を述べるのか、何のためにレポートを記すのかという目的を考える機会にもなります。その後、p. 59 の例題 2 をテキストに実施し、「事実」と「意見」を分けるという経験をさせますが、この問題は学生にはとても難しいようです。書き手の主観的な判断部分を見極めることを多く経験させることで、学生の記す意見文から、主観的な要素が少しずつ減少していきます。

　次に、p. 62 の例題 4 を通して、「動作主中心の文」「出来事中心の文」を扱います。この部分を苦手とする学生も大変多いです。なぜこのようなことを意識して文を書く必要があるのかを、しっかりと理解させる必要もありますが、文法的内容を十分に覚えていない学生が多いと、他動詞、自動詞、受け身文の説明を念入りに行わなければなりません。ただ、ここでなぜこのようなことを意識して文を書く必要があるのかを伝えることで、この先の授業で学生が記す文が、適切な主張を意識した文へと少しずつ変わっていきます。

　これを踏まえさせ、pp.66–68 の練習問題を WS に実施させます。やはり「動作主中心の文」「出来事中心の文」に関わる練習問題 4 が学生には難問です。ただ前後を入れ替えただけの解答が出てきます。

● p.67 練習問題 4　主な学生の解答

①多くの人に知られているのは継続することの重要さだ。

　私は継続することの重要さは多くの人に知られていると思う。

②球技大会の延期を決定したのは体育委員会だ。

③うがいと手洗いを促すポスターが作られることになったのは、保健委員会で話し合われたからだ。

④人気の作品を再演することを発表したのは、A 小劇場だ。

⑤B 新聞に大きく取り上げられたのは、本校のボランティア活動だ。

⑥労働力不足の補充と高齢者の生活サポートを人々がロボットに期待している。

　この章は「話題」と「主張」を書く項ですが、適切な主張をする必要性を説明しないことには、何のためにこの単元を学ぶのかを、学生が理解できずに終わってしまう可能性があります。この単元を扱う際は、そこに注意が必要です。

○第6回
【内容】意見文を書くための準備3　「理由」を書く
【範囲】pp.71–91　「第四章　「理由」を書く」
【目的】様々な「理由」を理解する

　前回の WS の返却を行い、適切な「主張」のために、「動作主中心の文」「出来事中心の文」を再確認します。

　本章は前回の「主張」の意見に説得力を増すための「理由」を書く章ですが、扱う内容が多く、またその内容も難しいです。そのため、この回も担当教員が扱う内容を絞る必要があります。筆者はまず p.71 の例題1を実施しました。その後、p.73 からの「理由」と「根拠」の違いを明確に説明します。この違いをしっかりと考えている学生は少ないですが、「根拠」が客観的なものでなければならないことを、そして、大学のレポートで記す意見には必ず根拠が必要であることを伝えることによって、学生は大学で求められる意見の質を次第に理解するようになります。この根拠を踏まえたうえで検討していく「メインの根拠」、「つながり根拠」、「なかみの根拠」の理解が学生にとても難しいようです。そのため、学生には別の例も出し、理解を深める手助けをする必要があります。

例）　○○大学は、学内 Wi-Fi を充実させるべきだ。なぜなら、すべての学生が授業での調べものを容易にできるからだ。

　B さんタイプ＝つながり根拠の提示を求める質問＝なぜそう言えるか？
　・学内 Wi-Fi を学生は他のことに使い、調べ物に使わないのではないか
　・学生は他の方法では調べ物ができないのか
　C さんタイプ＝なかみの根拠の提示を求める質問＝それは本当に正しいか？

・学内の Wi-Fi の環境ですべての学生が調べ物をできる通信速度が保障
　されているのか
・Wi-Fi で学生の調べ物は本当に容易になるのか

　さらに例題 5 も実施します。この問題を通して「暗黙の前提」をしっかり
と説明し、意見を述べるときには、「省略すべきもの」と「すべきではない
もの」に差があることを明示します。次にグループ活動で、例題 6 を実施
し、議論をさせます。グループで理由のなかみをチェックし、最適な理由を
考えるという作業を行います。様々な意見を出し合う中で、学生は自分とは
異なる考えを知ったり、また自分の正当性を主張したりすることができるよ
うになります。また、それにより、そのあとで記す理由のバリエーションが
増えていきます。その後、pp.90–91 の練習問題を WS に実施し、提出させ
ます。

● p.90 練習問題　主な学生の解答
3　③
・男子も女子も体育の授業でバレーボールを行っていて、バレーボールの
　実技が体育の成績に入るからである。
・なぜなら、もうすぐクラス対抗のバレーボール大会が行われるからだ。
　昼休みに練習をすることによって、大会で優勝することができるかもし
　れないし、今体育でやっているバレーボールも実技が成績に入るので練
　習して損はないからだ。
4
・なぜなら、事故がいつどんな時に起こるかわからないうえ、頭から、地
　面に落ちると、打ち所が悪ければ死に相当する傷を負うからである。
・なぜなら、愛知県は交通事故が全国でワースト 1 位だからである。事故
　はいつ起こるかわからないため、普段からヘルメットをかぶることで事
　故が起きた時に衝撃を少なくすることができる。
5

- なぜなら、服を選ぶために時間がかかってしまい、遅刻するケースも少なくないため、公立中学校は制服で良いと考える。
- 制服を着ることは、社会人になってからスーツを着るための練習にもなるからだ。また、校則を守ることは当たり前のことだからだ。

○第 7 回
【内容】意見文を書くための準備 4 「説明」を書く
【範囲】pp.95–112 「第五章 「説明」を書く」
【目的】「説明」を付加する方法を学ぶ

　前回の WS の返却を行い、「理由」について何がよりよい根拠になるのかを考える必要性を改めて説明します。前回の単元あたりから、学生が文章を提出する機会が増えてきます。その提出された文章を見ると、文量があまりに少ないものが散見します。少ないものが必ずしも悪いわけではありませんが、もう少し説明を加えなければ読み手に書き手の意図を十分に理解してもらえず、またその結果として十分な評価を得られないことを説明します。書き手と読み手の間のギャップを埋めていくのが今回の章です。あくまでもよりわかりやすく自分の主張を他者に伝えるための作業だということを踏まえ、テキストの内容を吟味していきます。p.96 の問題を実施し、学生を指名し、様々な反応を聞いていきます。中には「何も問題がない」という学生の回答もあります。そのために、意見文には目的があったことを説明し、この文章は何を目的として書かれたかという問いかけをすることで、議論が盛んになっていきます。

　解説の方法を一通り確認したうえで、グループ単位で p.112 の練習問題を WS に実施し、各グループに内容を発表させます。よりよい説明を求め、各グループが検討を重ねていきます。ただし、練習問題を一部変更し、学生に実施させました。

● p.112 練習問題　主な学生の解答
練習問題 1

①消しゴム
- えんぴつやシャープペンシルなどで書き違えたものを消すことができる
  アイテムである。
- 文字を消すことを目的として作られたゴム。

②電気自動車
- ガソリンではなく電気を燃料にして走行する車。
- 電池に蓄えた電気を用いて走る自動車。

③ゲリラ豪雨
- 急速に発達した積乱雲の下で起こる突発的な豪雨。
- 普段傘をさしたらぬれない雨ではなく、傘をさしても意味が無いような
  雨のことである。

④ファーストフード
- 片手間で手軽に持ち運んだり食べたりできる料理。
- マクドナルドやモスバーガーなどのお店に行ったらすぐに食べることが
  できる食べ物のこと。

練習問題 2
①平和
- 平和とは、戦争がなく毎日が天国のように幸せな生活が送れること。(定
  義・比喩)
- 平和とは、戦いや争いがない状態で人類の歴史で言えば戦争の準備期
  間。(定義・例示)

②マスメディア
- マスメディアとは、テレビや新聞などの多くの人が情報を得ることがで
  きるものである。(定義・例示)
- コミュニケーションを繋ぐ活動で、例えばテレビやラジオがある。(例
  示・言い換え)

③ペット
- ペットとは、人が家族のようにかわいがって育てて、一緒に暮らしてい

る動物の事である。（定義・比喩）

・ペットとは、人が愛玩目的で飼っている動物でパートナーのこと。（定義・言い換え）

④ダイエット

・ダイエットとは、太っている人が運動や食事制限などを行ってやせようとする行為の事である。（定義・例示）

・ダイエットとはやせることを目的とした活動で、目的とした体重や体型に到達するまでの活動期間。（定義・例示・経過）

⑤リサイクル

・リサイクルとは、ただ使わなくなったものをゴミに出すことと違って、使わなくなったペットボトルや新聞紙などを再利用することである。（定義・例示・比較）

・リサイクルとは、一度使用したものを形を変えて再利用することで、言い換えれば地球環境に良い活動。（定義・言い換え）

　この練習問題では、とにかく学生が楽しみながら作業をしています。学生に定義する話題を決めさせると、さらに議論が白熱するようです。ただ、「定義」「例示」ばかりが選ばれやすいため、教員が解説の方法を指定した方が、よりグループでの議論が盛んになります。

○第8回

【内容】復習テスト

【範囲】pp.3-114

【目的】今までの授業内容を確認する。

　今までの授業で扱った内容を理解しているかどうかを確認するために、復習テストを行います。主にテキストの練習問題から出題します。

　テストに向けて、テキストを読み返してしっかりと復習する学生がいる一方、問題の解答をひたすら暗記し、本来このテキストで養成すべき能力とは異なる目的へと向かってしまう学生も少なからず存在します。そうした学生

への対応策として、復習テストは問題を一部変更して行います。また、この
テストの中で、新たな根拠を探し、そこから、今まで授業で取り組んだ、「話
題」、「説明」、「主張」、「理由」をとらえて、文章を書いてみるという問題も
行わせました。またこの機会に、9回目以降の授業で行う意見文執筆のため
のアンケートを取りました。教員が指定するのではなく、学生の興味を中心
に意見文のテーマを設定すると学生が主体的にテーマについての情報収集を
行います。

　なお、テストを実施している間に提出物確認としてノート点検が行えるよ
う、テスト配布前にノートを回収しました。点検後、ノート返却を行いまし
た。

筆者が出した復習テストの一部

　問8　次の3つの話題のうち、1つを選び、その話題に対する主張を述
べなさい。また、その主張を述べるにあたり、どのような理由(根拠)で
主張を支えることができるか、示しなさい。

①日本は外国人労働者の受け入れを拡大すべきか。
②日本は憲法を改正するべきか。
③日本は小売店の深夜営業を禁止すべきか。
主張
_____

根拠①
_____

根拠②
_____

根拠③
_____

170

問9　問8で選んだ話題、主張、理由(根拠)を用いて、意見を述べなさい。
(注意点)
・タイトルの記入は不要。
・だ・である体で記入。
・段落を設定すること。
・漢字・原稿用紙の使い方のミスに注意すること。

●アンケート
「レポート・論文作成法」の授業では、今後、実際の「意見文」「レポート」の執筆をします。そのテーマについては皆さんの考えを尊重したいと思います。どのような題材ならば「意見文」「レポート」を書いたり、調べたり、できそうですか。じっくりと考えて書いてください。社会の情勢、時事問題を踏まえたものが望ましいです。

○第9回
【内容】意見文を書く
【目的】今までの内容を踏まえ、意見文を書いてみる
　前々回のWSを返却し、解答の確認を行います。その後、以下に示す「意見文・レポート作成　構成メモ」と原稿用紙を配布し、意見文の執筆を行います。テーマは教員が指示することなく、前回の復習テストでのアンケートを踏まえ、「構成メモ」を作成し、この中から学生にテーマを選ばせ、自分が興味のあることについて論じさせます。この意見文は後日、教員がコメントを記入して返却し、13回目の授業の意見文執筆時に、データ、参考文献を利用し、よりよい意見文を目指す土台とします。

意見文・レポート作成　構成メモ

本日は、皆さんに意見文を書いてもらいます。選んだテーマについて、2 度、意見文・レポートを書きます。今日は、今わかる範囲で皆さんに主張を展開してもらいますが、2 回目の提出では深い調査に基づいた報告が必要になります。

作業 1　以下から、1 つのテーマを選びましょう。「これについてならば、多くのことを調べられそうだ」というものがよいと思います。

①ペットの保護施設　　②スポーツメーカー　　③大学の活性化
④スマートフォンの影響　⑤カルロス・ゴーン　　⑥ゲーム業界
⑦東京オリンピック　　⑧留学　　　　　　　　⑨小・中学校
⑩成人年齢引き下げ　　⑪原子爆弾　　　　　　⑫芸能人の離婚
⑬高速道路無料化　　　⑭企業活動(各会社の活動を調べる)
⑮深夜営業　　　　　　⑯人工知能　　　　　　⑰少子高齢化
⑱難民受け入れ　　　　⑲消費税

選んだテーマ　＿＿＿＿＿＿＿＿＿＿＿＿＿＿

作業 2　選んだテーマを用いて、話題を作りましょう。疑問文の形にしましょう。また、大学生のレポートにふさわしい、深い考察につながるような話題を作りましょう。

例)　携帯電話は今後どのように変化していくか。
　　　大学の授業料無償化は必要か。

また、テーマを少し変化させてもかまいません。

例)　スポーツ→プロ野球　Ｊリーグ　など。
　　　プロ野球がより発展する為には何か必要か。

172

作業3　あなたの主張を書きましょう。上に記入した話題に対する答えを明確に記すと主張がわかりやすくなります。

例）　携帯電話はこのように変化していく。

　　　大学の授業料無償化は必要ではない。

作業4　あなたが作成した話題について、多くの人はどのような興味・知識を持っているでしょうか。あなたはこのことについて詳しいかもしれませんが、他人はそうだとは限りません。想定して記してみましょう。また、この話題について、今現在あなたが持っている予備知識を利用して記しましょう。

作業5　あなたの主張のメインとなる根拠を記しましょう。誰もが納得できる客観的な根拠であることが理想です。個人の感覚をメインの根拠にしてはいけません。

作業6　それ以外にあなたの主張を支える根拠はありませんか。複数用意する方がよいと思います。または、他の視点に立った根拠はありませんか。

①_____

②_____

③_____

他者の視点

_____

作業7　あなたの主張にはどのような反論が予想されますか。また、それに対して、どのような答えが可能ですか。

他者の主張

_____

あなたの回答

_____

_____

　この構成メモを埋めていくことで、「話題」「主張」「理由」「説明」がしっかりと形成され、意見文のつくりが仕上がります。ただ、テキストに意見文の見本がないため、小論文などの執筆を経験したことが少ない学生には、具体的な意見文のイメージができず、何から書き出せばよいのか、どのように全体を作り上げればよいのかがわからないようです。実際の意見文の例を提示することも学生の状況によっては必要かもしれません。

●第1回意見文　学生の解答1
【話題】「義務教育は高等学校まで引き上げるべきか」

　今日の日本では中学を卒業した後に高等学校へと進む者は、昭和49年から約9割を越えている。そのような現状の中、小・中学校は義務教育であるのに、高等学校は義務教育ではない。では、義務教育に高等学校まで引き上げるべきではないのか。私は高校も義務教育にすべきだと主張する。

　高校への進学が義務でないために、中卒で一番大きな問題であるのが生涯賃金だと考える。2013年のデータで、男女別の退職金を含まない学歴別生涯賃金を見る。中卒の男性が約1億8890万円、女性が約1億3340万円

であるのに対し、高卒となると男性が約2億0240万円、女性が約1億4340万円というように生涯賃金は増加する。また、高校卒業後、大学へ行けば大卒の生涯賃金は男性が約2億6140万円、女性が約2億1250万円まで上がり、高校へ進学することにより生涯賃金増加のための道ができる。

　高校へ進学しなかった者、辞めている者の中には母子家庭であったり、片親でお金を出すのが厳しいことで通えない者がいる。そういう例があるのに、高校を義務教育化できるのかという問題がある。その問題は生活福祉金貸付制度、国の教育ローン、公立高校の授業料無償化で解決できるであろう。また、義務教育化することで教科書も無償化になる。

　よって、高校の義務教育化によって生じる問題は解決策があり、高校へ通うメリットが大きいため、私は高等学校の義務教育化を主張する。

●学生の解答2
【話題】「高速道路の料金は無料化するべきか」

　高速道路を通る時、料金がかかるのは当たり前だと考えていないだろうか。多くの人がお金がかかるから、といった理由で一般道を通っていると予想する。そこで、高速道路の料金を無料化すべきであると考えた。

　理由は2つある。まず1つ目は、無料化することで、利用者が増加する、ということだ。国土交通省では、平成22年6月より実施された「高速道路無料化社会実験」において、無料になる区間と距離を設定し、平均約79%増加する、という実験結果を得た。50区間内で1日平均8600台から実験開始後平均15400台まで増加したのである。50区間のうち、1km以上の渋滞が発生したのは4区間だけであり、多大な渋滞の影響を心配する必要はない。

　そして2つ目の理由は、利用者の増加により、観光地が潤うということだ。無料化社会実験区間から約30km圏内にある施設、177箇所でのヒアリング調査により、平日観光地へ足を運ぶ人は11.7万人から12.8万人と、約10%の増加という変化が見られた。

　しかし、無料化をすることによって、料金徴収員の仕事がなくなってしま

う、という意見もあるだろう。しかし、現在は ETC が普及しており、無料
になった時にすぐに失業するわけではないため、あらかじめ準備をしておけ
ば良いと考える。

　以上 2 点の理由により、高速道路を無料化することによって利用者が増加
し、観光地に足を運ぶ人が増えるだろう。よって高速道路を無料化すべきで
あると考える。

〇第 10 回
【内容】意見文を書くための注意点 2　意見文をチェックする　意見文の相
互評価
【範囲】pp.139-158 「第六章　意見文をチェックする 」
【目的】学生間の相互評価によって、よりよい意見文に必要なものを確認する
　授業前に、学生が提出した意見文を教員がコピーしておきます。学生が書
いた意見文の原本には教員がコメント・修正点を直接記入します。一方、何
もコメントを記入していないコピーした意見文をまず学生に返却します。そ
の後いつも作業をしているグループで、pp.115-116 のチェックリストを確
認します。その後、例題を実施し、意見文の良し悪しを指摘し合います。そ
の後 pp.127-129 の練習問題を WS に実施し、解答を確認し、授業後に提出
させます。その後、グループ内でコピーした自分の意見文を交換し合い、意
見文チェックを行います。この際、次の「意見文の評価シート」を配布しま
す。

意 見 文 の 評 価 シ ー ト

学籍番号：　　　　　　　　　氏名：

以下の項目に従って、他者の意見文を評価してみよう。

《内容》

①話題・主張・理由が、理解できる形で書かれていたか。	はい　/　いいえ
②話題が疑問文の形で提示されていたか。	はい　/　いいえ
③主張が話題に対する答えになっていたか。	はい　/　いいえ
④相手の関心・予備知識を想定した上での論展開になっていたか。	はい　/　いいえ
⑤理由のパートに、誰もが確認できる（客観的な）根拠があったか。	はい　/　いいえ
⑥理由のパートが、複数の立場・見方から成り立っていたか。	はい　/　いいえ
⑦反論を予測し、それに対する答えが考えられていたか。	はい　/　いいえ

《表現》

⑧文字は丁寧で、適切な大きさ・濃さで書かれていたか。	はい　/　いいえ
⑨漢字や送り仮名、言葉の用法に大きなミスはなかったか。	はい　/　いいえ
⑩「だ・である体」「です・ます体」の混用はなかったか。	はい　/　いいえ
⑪「ねじれ」「あいまい」「だらだら」文の箇所はなかったか。	はい　/　いいえ

この意見文の良い点・改善すべき点をそれぞれ挙げてみよう。

良い点：	改善すべき点：

この意見文の総合評価

良い　←　　普通　　→　悪い

A　　B　　C　　D

　グループ内でこの評価シートに基づき、他者の原稿を評価するという作業を行います。一つの意見文に対し、10分間で採点、コメント記入を行います。これを、3、4回繰り返します（なお、教員も学生の意見文をこの評価シートで採点します）。3、4人の評価が終わった段階で本人のもとに原稿を戻し、グループ内でどのような意見をもらったのか確認します。最後に、学生に対して、教員がコメントを記入した意見文の原本と評価シートを返却します（可能であれば、この時に意見文を返すのが望ましいです。時間が不足する場合であっても次の意見文執筆の授業である13回目までに添削を行います）。

　なお、この学生の相互評価は学生にとても好評です。授業後に行われる授業評価でも多くの学生がこの相互評価が良かったとの指摘をします。他の学生がどのような文章を書いているのか、そして自分が書いた意見文を他の学生がどのように評価するのかに興味があるようです。ただし、あくまでも学生の視点ですので、改善点を上手く指摘出来ない学生もいます。教員の視点からも学生にアドバイスを行う必要はあると思います。以下に、第9回で示した学生の解答に対するコメントを記載します。

● 「学生の解答1」へのコメント
良い点
・現在の高校への進学率が示されていてわかりやすいです。
・生涯賃金という具体的な数値が示されていて、納得する部分がありました。
・解決の方法がしっかりと示されています。

改善すべき点
・今のままの制度ではいけない理由が示されていません。
・もっと反対の立場からもこのテーマについて論じた方がよいと思います。
・生涯賃金が、今回のテーマとどのように結びつくのか、もっと説明が必要だと思います。

178

● 「学生の解答2」へのコメント

良い点
・根拠をしっかりと示していたから、主張が正しいと思えました。
・反論もしっかり用意していて、論の構成が充実しています。
・根拠を複数用意していて、様々な面からの論の検討ができています。

改善すべき点
・観光地が潤うのであれば、高速道路を無料化してもよいのか、つながりがわかりません。
・データは示していますが、いったいどのような調査であったのか、もっとしっかりと記した方がわかりやすいと思います。
・想定される反論として、料金徴収員の話を出していますが、それ以外にも高速道路の無料化した際の問題はあると思います。

○第11回
【内容】意見文を書くための注意点3　データを使って立論する
【授業外学習】pp.161–179　「第九章　データを使って立論する」
【目的】データを有効利用できるようにする
　一度執筆した意見文をよりよい意見文へと変えていくために、2回にわたり論を補強する項目を学びます。一度意見文を書いた後で、自分の記した意見文にどのようなデータがあればより説得力を増すことができるのか検討していきます。なお、第七章、第八章は時間の関係で授業では扱いませんでしたが、学生には、意見文をよりよいものにするために、目を通すことをすすめました。この単元は、練習問題がないため、積極的に例題をWSに実施させますが、例題が豊富なために、どの項目を扱うか、担当教員が選ぶ必要があります。筆者は、例題1、例題2、例題3を実施し、どのようなデータを示すとよいのか、どのようなデータが意見に必要かを学生に議論させました。一度意見文を書いた後に行う項目のため、学生自身が、どういったデータが必要なのかが、自ら主張できるようになっています。また、この章で

は、テキストにあるデータだけでなく、時事に関わる様々なデータを扱うと学生が興味を持ちます。今回この授業で対象としたのが経営総合学科の学生であったため、企業の収益、売り上げの増加といった具体的な現代企業に関わるデータに強い興味を示しました。

〇第 12 回
【内容】意見文を書くための注意点 4　引用の方法
【授業外学習】pp.185–192 の学習および授業の復習
【目的】適切な引用を学ぶ
　今回の章の「引用の方法」は、作業中心の普段の授業とは異なり、教員による説明が多くなります。15 回の授業で最も一方的な講義形式の授業になる回です。ですが、学生に決して剽窃をさせないために極めて重要な回でもあります。教員が自身の執筆経験を踏まえて説明を行ったり、本学でもレポートの剽窃などがまま見られ、学内でも問題になっている現状を伝えたりしました。また、著作権法の説明も p.186 をもとに実施します。引用の方法も剽窃を行わせないために確認します。その後、教員が PC をプロジェクターに接続し、スクリーンを通して、大学図書館のサイトを利用して、実際に資料を探すという作業を実践してみます。多くの学生は携帯電話を用いて主要な検索サイトから、必要な情報を探しますが、図書館サイトを経由して様々な資料の検索をしてみせると、より多くの資料が検索できることを説明します。資料検索（OPAC）や、図書館でリンク先を示される外部データベース（CiNii Articles など）の使い方の説明、電子ジャーナルの利用法などを示します。実際にデモンストレーションをすることで、学生が自身で調べものを行う方法がわかりやすくなるようです。また、実際に数人の学生を指名し、その学生の意見文で必要な情報を教員が入力して探すというデモンストレーションも行います。中には大学の図書館に行ったことがない、ホームページを見たことがない学生もおり、OPAC の使い方を初めて知る学生もいるため、メモを取る学生が多く見られます。
　また、この部分には、例題、練習問題がありません。そのため、教員が事

前にいくつかの本の奥付をコピーして準備しておき、学生に参考文献の書き方を説明した後、コピーを元に参考文献欄を作成するという実践作業も行いました。この作業を通して、意見文に、データを入れる、参考文献を入れるという作業が可能になります。以後の意見文執筆では、必ず参考文献を示すことを要求することで、より精度の高い意見文に変わっていきます。

○第13回
【内容】意見文を書く（2回目）
【授業外学習】意見文のテーマ決めと材料集め、および授業の復習
【目的】1回目に書いた意見文を、データ、参考文献に基づきよりよい意見文にする

2回目の意見文執筆を行います。すでに、意見文の返却は行っているため、学生に原稿用紙を配布し、授業時間すべてを執筆時間にします。なお、今回配布する原稿用紙には、参考文献記入欄を追加し、参考文献を入れた意見文の提出を求めます。

　ここで、第9回（本章 pp.173–175）に載せた学生の意見文が、その後の授業や、他者の意見を受けて、どのように作文が変容したかをお見せします。

●第2回意見文　学生の解答1
【話題】「義務教育は高等学校まで引き上げるべきか」

　今日の日本では中学を卒業した後に高等学校へと進む者は、（『学校基本調査』文部科学省、22年度）によれば、昭和49年に90%を超え、平成22年度には98%となっている。そのような現状の中、小・中学校は義務教育であるのに、高等学校は義務教育ではない。では、義務教育は高等学校まで引き上げるべきではないのか。私は高校も義務教育にすべきだと主張する。

　高校への進学が義務でないために、大きな問題となるのは生涯賃金の差である。労働政策研究・研修機構『ユースフル労働統計2015』によれば、2013年のデータにおいて、男女別の退職金を含まない学歴別生涯賃金を見ると、中卒の男性が約1億8890万円、女性が約1億3340万円であるのに

対し、高卒の男性が約 2 億 240 万円、女性が約 1 億 4340 万円と生涯賃金が増加している。また、高校卒業後、大学へ進学すれば大卒の生涯賃金は男性が約 2 億 6140 万円、女性が約 2 億 1250 万円まで上がり、進学することにより生涯賃金増加につながる。

　また、厚生労働省の「平成 28 年度全国ひとり親世帯等調査結果の概要」によれば母子世帯は 123.2 万世帯、父子世帯は 18.7 万世帯存在しており、お金を出すことが難しく高校へ進学できなかった者、また途中で辞める者がいる。さらに、ベネッセ教育情報サイトによれば、高校 3 年間の受験から参考書代、教養のために使う学校外活動費を含める金額は公立高校で平均 116.8 万円、私立高校で平均 306 〜 318 万円かかるという（https://benesse.jp/kyouiku/201411/20141110-5.html　2018 年 12 月 17 日閲覧）。高額な日々の教育費を払えない者がいるのに、高校を義務教育化できるかという問題はある。ただ、その問題は厚生労働省の生活福祉資金貸付制度、国のローン、公立高校の授業料無償化で解決できるかもしれない。特に生活福祉資金貸付制度は、無利子で月 3.5 万円以内で貸すというものがある。また、義務教育化に変更することで小・中学校同様に教科書が無償化することもあるだろう。

　よって高校の義務教育化により生じる問題には解決策があり、高校へ通うメリットが大きいため、私は高等学校は義務教育化だと主張する。

参考文献
労働政策研究・研修機構『ユースフル労働統計 2015』
ベネッセ教育情報サイト（https://benesse.jp/kyouiku/201411/20141110-5.html、2018 年 12 月 17 日閲覧）
厚生労働省生活福祉資金貸付制度サイト（https://www.mhlw.go.jp/stf/seisAkunitsuite/bunyA/hukushi_kAigo/seikAtsuhogo/seikAtsu-fukushi-shikin1/index.html、2018 年 12 月 17 日閲覧）

●学生の解答2

【話題】「高速道路の料金は無料化するべきか」

　日本で高速道路を通る時、料金がかかるのは当たり前だと考えていないだろうか。多くの人がお金がかかるから、という理由で一般道を通っていると私は予測する。そこで、高速道路の料金を無料化するべきではないかと考えた。

　理由は2つある。まず1つ目は、無料化することで、利用者が増加するということだ。国土交通省では、平成22年6月より実施された「高速道路無料化社会実験」において、無料になる区間と距離を設定し、平均79%増加する、という実験結果を得ている。50区間内で1日平均8600台から実験開始後平均15400台まで増加したのである。50区間のうち、1km以上の渋滞が発生したのは、4区間だけであり、多大な渋滞の影響を心配する必要はないと考えられる。

　そして2つ目の理由は、利用者の増加により、観光地が潤うということだ。無料化社会実験区間から約30km圏内にある施設、177箇所でのヒアリング調査により、平日観光地へ足を運ぶ人は11.7万人から12.8万人と、約10%の増加という変化が見られた。

　高速道路で徴収される料金は現在、建設にかかった費用や利息、道路の維持管理などに使われている。高速道路無料化をすることによって、建設費用の元金返済が滞ってしまう、という意見も当然あるだろう。しかし、現時点で債務を完済し、本来の道路管理者に帰属されている国道が日本には6つ存在する。最近では、平成27年10月31日に一般国道16号（八王子バイパス）が無料開放されている。高速道路は債務を完済すれば無料開放されるのである。ただ、すぐに無料化するのではなく、完済出来た時など、料金を徴収しなくても国の資金のみで道路を管理できるようになった時に、無料化すればよいと考える。

　海外との比較を通して、日本では通行料として料金を徴収しているが、アメリカでガソリン税を課したり、混雑課金としてピーク時間や特定の車線に高い料金を設定したり等、効率よく建設費用を回収している。日本や、アメ

リカに比べ、ドイツやベネルクス三国では、高速道路料金が無料である。しかし、1995 年からビニエット方式という、重量トラックに対して、フロントガラスの内側に張りつけるステッカー（ビニエット）を購入してもらい、料金を負担させる税制が導入されている。日本でも、海外のような政策や新たな税制度を取り入れることによって、より早く建設費用を返済できるのではないかと考える。以上より高速道路を無料化すべきである。

参考文献
国土交通省　「高速道路無料化社会実験の効果検証について」
http://www.mlit.go.jp/report/press/roAd01_hh_000116.html　2019 年 1 月 16 日アクセス
独立行政法人 日本高速道路保有・債務返済機構　よくある質問
https://www.jehdrA.go.jp/yokuArushitumon.html#A05　2019 年 1 月 16 日 アクセス
西川了一（2010）「海外の高速道路料金　欧米諸国の事情」『中学校社会科のしおり』帝国書院

　多くの学生が 1 回目よりも内容を充実させた意見文を提出します。ただ、中には一つの資料を調べただけで一方的な意見を書いてくる学生もいます。それを防ぐためにも、可能な限り、複数の参考文献をあたる必要性をしっかりと説明するとよいようです。一方的な物事の見方をしないよう、様々な立場からテーマについて論じられるよう教員がアシストする必要があります。提出された意見文は、教員が添削を行い、可能であれば、次週での返却を目指します（採点前にコピーを取ります。詳細は第 14 回を参照）。しかし、今回の意見文は内容量が増加しており、添削にも時間がかかるため、不可能な場合は、後日採点し、成績に加点します。

○第14回

【内容】意見文の相互評価（2回目）

【授業外学習】意見文の練り直し、および授業の復習

【目的】学生間の相互評価によって、よりよい意見文に必要なものを確認する

　第11回と同様の内容を行います。授業前に、学生が提出した意見文を、学生の名前を伏せた状態でコピーしておき、それを授業時に配布します。これは、学生がバイアスのかかっていない状態で採点しあえるようにするためです。

　前回の意見文の相互評価と異なり、今回は5、6人のグループを作成し、一つの意見文に対し、なるべく多くの他者の評価を受けさせます。ただし、今回は意見文の文量が増加しているため、じっくり読む時間を作ります。評価シートの記入は一人につき、15分で、これを4、5回行います。グループ全員の評価が終わった段階で本人に返却します。

　その後次回の試験の提示、以下の紙を配布します。また次回、2回目のノート提出があることを伝えます。

レポート・論文作成法　小論文作成について

　次回の授業で、小論文を提出してもらいます。テキスト『はじめよう、ロジカル・ライティング』の第四部の pp. 197–199 の 6、p. 200 の 8、p. 200 の 9 から課題を1つを選んでください。様々なデータ、資料を論の根拠として文章を書いてください。誰もが納得しうる根拠（公共性のあるもの）のない意見の主張は高い評価にはつながりません。

書く条件：800 字程度　横書き　常体（だ・である体）　90 分内での提出
　　　　　携帯、PC などの利用不可。ただし、紙媒体の持ち込みは可。

○第 15 回

【内容】小論文の執筆　総まとめ

【授業外学習】授業の総復習および作文の見直し

【目的】根拠に基づいた小論文を記す

　学生に原稿用紙を配布します。試験前にノートを回収し、2 回目のノートチェックを試験中に行います。試験後、学生に返却します。

●小論文　学生の解答

pp.197–199　第四部課題集　課題 6

　私は日本の若者の安定志向が理由で日本が内向きの国になるという意見に反対である。資料 1 を見ると 1983 年の日本人の海外留学数の推移は 18066 人であった。2008 年の 66833 人と比べると、48767 人増加している。資料 1 の中で推移が最も高かった 2004 年の 82945 人との差は 16112 人の減少となっているが、1983 年から大きく増加している。現在の日本の企業はグローバル化とともに日本人の海外留学数も増加していると考えられる。資料 2 の 8 大学の工学系の学生（学部生・大学院生）の留学への意欲を示す円グラフをみると、8339 人中半数の 50% の 4182 人の学生が留学への意欲があると答えていることがわかる。比べて意欲のない学生は 31% の 2711 人である。この数値から工学系の学生の留学をする意欲でも半数は留学に対しての興味があることがわかる。理系の学生が学んできた専門的な知識に加えて、海外でのコミュニケーションや語学力を身につけることができればより高いスキルを備えた人材に成長できる。2 つの資料の数値から、アメリカへの留学生数やハーバード大学の日本人学生数が減少しているからといって、それが日本の若者の安定志向が高まっていることが理由にあるとは考えにくい。理由として、高額の留学費用の負担がかかること、新卒採用を一般的とする日本の企業の体制、語学力の不安があると考える。この 3 つの理由は、留学には費用と時間と語学力が必要であり、それを兼ね備えた人にしか留学ができないということを指しており、これらが、留学を身近なものではない存在にしているのだ。日本のガラパゴス化を防ぐためにも、費用の負担やスキルのサ

ポートなど、留学をするということを学生たちにとって身近な存在にする必要があると私は考える。

p.200　第四部課題集　課題8

　私は伝統芸能を保護や伝承していくべきだと考える。

　近年、各地で夏祭りなどの地域行事が盛んだが、一方で、こうした地域社会に根差す伝統文化や民俗芸能が、存続や規模縮小の危機に直面していることに目を向けたい。少子高齢化の進行や人工流出で、後継者不足が深刻なためだ。

　例えば、秋田県内には、全国最多の17の国の重要無形民俗文化財をはじめ、多様な伝統文化があるが、この20年間で民俗芸能の保存に取り組む68団体が消滅、もしくは活動休止に追い込まれている。それは、各地域においても、無形文化財に指定されたが保存会員の高齢化などで後継者不足に陥り、休止状態にある伝統行事も少なくない。地域固有の伝統文化・芸能は地元に対する愛着を深め、まちづくりへの参加意識を育てる貴重な資源でもある。担い手不足によって一度中止すると、伝統の技術が受け継がれなくなり復活させるのは難しい。地域住民が地元の魅力を再認識し、伝統文化を存続させてほしいが、地域の取り組みだけでは限界がある。現在、文化庁は伝統文化の公開や後継者養成など、地域の実情に応じた特色のある取り組みに対して補助金を交付する事業を行っている。ただ、同事業は自治体の実施計画に位置付けられることが要件になっているため、適用対象は限られてしまう。文化庁や自治体は利用しやすい制度に変えるべきである。

　他にも独自の取り組みをしている地域もある。例えば石川県では、関東地方の学生に能登の祭りを体験してもらうツアーを行う予定である。能登は祭りの宝庫と言われ、地域活性化の資源としても注目を集めている。

　最後に、過疎化や少子高齢化で祭りの維持が難しくなっている中で行うべき活動は、地域の祭りの魅力をPRすることや地元住民や若者たちを多く参加させることである。そのような活動をすると、祭りは盛り上がり地域おこしの刺激にもなり、またその先の未来にも伝承していくと思うからである。

p.200　第四部課題集　課題9

　日本が「観光立国」を推進するためには、3つのことが有効である。

　1つ目は、アジア以外の外国人観光客を増やすことだ。理由は、近隣の国ばかりが来日してしまい、世界中に日本が知られず、観光立国を推進する影響が小さくなるからだ。実際に2015年度の日本外国人観光客のうち、84%がアジアから来日しており、しかも中国、香港、韓国、台湾の4か国だけで72%も占めているという調査結果がある。アジア以外の外国人観光客が増えれば、日本はより注目され、発展していくだろう。

　2つ目は、日本中が協力することだ。外国人観光客が多くても、訪れる場所が皆同じではあまり効果がない。3大都市だけでなく、他の県の祭りに行ったり、自分の県の伝統を宣伝したりなど、日本はどこに行ってもすばらしいと思われるためには、やはり日本人同士の協力が必要だ。

　3つ目は、外国人が訪れやすい、過ごしやすい環境を整えることだ。すでに行っているところもある。たとえば、道後温泉では1986年度に158万1000人が訪問したというピーク以降、来客数は減少傾向にあったが、1998年度にネットワークシステムを構築し、ネット限定の特別価格を設置、さらに足湯の設置を行い来客数を上げ、厚生労働大臣賞、人に優しい地域の宿づくり賞を受賞した。しかし、道後温泉で1番注目したいのは、旅行客の形態の変化に合わせて客室や食事を変えたことだ。流行という言葉があるように、客層も変わる。その変化に対応できるかできないかはかなり重要である。

　オリンピックも決まり、外国人観光客が増えると予想される今、多言語対応の改善・強化や、外国人客の宿泊受け入れ、リラクゼーションの新設など、外国人客にとっての癒し機能強化を積極的に行うことで、オリンピック後の外国人客数も変わるだろう。日本は、世界に通用する魅力ある観光地域づくりを目指していくべきである。

参考文献　鈴木茂・奥村武久編（2007）『「観光立国」と地域観光政策』晃洋書房

188

p.200　第四部課題集　課題 9

　日本が「観光立国」を推進するためには、地方都市の活性化、移動に使う
交通の価格の値下げが有効である。

　まず、地方都市の活性化についてみていく。現在、外国人に人気のある日
本の観光地トップ 3 は、1 位京都府・伏見稲荷大社、2 位東京都、3 位広島県・
広島平和記念資料館である。その他トップ 10 には、京都府周辺の奈良県、
東京都周辺の神奈川県がランクインしている。このランキングから、京都府
や東京都、またその周辺に外国人観光客が集中している。このことから、地
方都市の活性化が必要であると考える。

　地方都市を活性化するためには、PR が必要である。たとえば、外国人
100 人を招待し、美しい景色、おいしい食べ物を提供し、自由に観光しても
らう。そして、SNS で魅力を発信してもらう。現在、SNS 上での情報はす
ぐに広まる。SNS を使った PR は有効であると考える。外国人は、日本人
では興味を持たないようなものにこそ興味を持つ。自分の国では体験できな
いこと、日本ならではのもの、習慣を提供できる環境を作ることが必要であ
る。

　次に移動に使う交通の値下げについてみていく。日本は移動に使う交通費
が高いと外国人から言われている。日本には年間約 2869 万人の外国人観光
客が来る。世界で 1 番観光客が来るフランスでは年間約 8260 万人もの外国
人観光客が来る。そのフランスの交通機関をみてみると、同じチケットでど
こへでも行け、観光客でも車や自転車を借りることができる。そして空港の
数は 44 で、パリ周辺だけでも 3 つある。観光客が移動しやすくなっている。
日本も外国人が日本へ来て移動しやすいように、電車の運賃の価格を下げ、
移動にかかる費用を少なくしてあげるべきである。

　値下げをしたら、日本に入ってくる観光利益が少なくなってしまうという
反論が考えられる。しかし、外国人が 1 か所の観光で終わっていたところ
が、2、3 か所と多くの場所へ行ってくれるようになったほうが、利益は大
きくなると考える。

　このことから、日本が「観光立国」を推進するためには、地方都市の活性

化と移動に使う交通費の値下げが有効である。

　以上、15 回の授業の実践を示しました。このテキストを利用して、こういった授業が行えるというイメージをもってもらえればと思います。今回の授業では、経営総合学科の 1 年生の学生だけを対象とした授業ができたため、新たに用意するテーマを絞ることもできました。また同じ試験を受けて入学した学生であるからこそ、同じレベルの学生を対象とした授業が行なえました。さらに、1 年生の前期に開講される「日本語スキル A」という文章表現法にあたる授業を経た後に授業を行うことができたため、文章を書く際の注意事項などの説明を省くこともできました。

　一方、他大の他学部、他学科で授業を行う際は、このような授業を行うことは難しいかもしれません。しかし、このテキストはあくまでも論理的な思考を養うテキストであり、各学部、各学科で養成したい能力に絞って、授業を行うことも可能です。そのために、教員は扱う項目を厳選する必要があります。また 30 名前後であれば、提出物の添削といった対応が行いやすいですが、大勢での開講となった場合には同様の対応は難しいと思います。その際は、学生による相互添削の実施回数を増やすというのもよいでしょう。自分たちが記したものの相互確認を通して、自分の意見をよりよいものにするために何が必要なのか、自分たちで考えていくという作業を行うことができます。また、毎回の添削が難しい際は、ランダムで学生の回答を取り上げ、画像を取り込み、プロジェクターで投影し、名前を伏せた状態で公開添削を行うというのも一つの方法であると思います。一部の授業では、学生の書いた意見文をランダムで選び、名前を伏せた状態でコピーして配布し、これを全員で添削していくという作業も行いました。自らが書くだけでなく、同じ学生が書いた作文を見つめていくことでも、自分の文章の制度を高めることは可能です。様々な方法でこのテキストを利用してみてください。

4　授業を終えての様々な反応

　LW を利用した授業を中部大学で始めて 3 年が経過しました。その間に学内で様々な反応がありました。まず、学生が所属する学部の教員からは、学生が大学教育の場に相応しくないレポートを出すことが減少していることが伝えられました。これは、このテキストを通して、レポートに必要となる要素をしっかりと学生が習得してくれたためだと思います。また、学生からの授業評価の回答では、作業は多く大変だったがレポートを書くための手順をきちんと教わることができ魅力的な授業であった、と高い評価を得ることができました。もちろん毎週の授業で課題を課すため、気軽に受講できる授業ではありません。また、本学では必修科目扱いでなかったため、早々に受講取り消しをする学生もわずかばかりですが存在しました。しかし、多くの学生は毎週課題に取り組んでくれましたし、また教員もその提出された課題を確認し、返却するという作業を毎週繰り返しました。この担当教員の授業に対する取り組みに応える形で、積極的に授業参加してくれる学生が多かったのだと思います。さらに、学内の反応で言えば、他学部の教員からも同様の授業を展開してほしいという依頼もあります。カリキュラムの問題でまだ実現できていませんが、このテキストを利用した学習が、本学のレポート作成の一つの科目として大きな影響を与えています。

　ただ、このテキストを扱う際の問題点もあります。このテキストでは、学生が論理的に物事を組み立て、文章を構成する過程を学ぶための一つ一つの要素をしっかりと学ぶことができます。しかし、長い文章の読解が苦手な学生にはそもそも、このテキストの内容を理解することが難しいです。そのために、教員がよりわかりやすい例などを提示し続ける必要があります。また、テキスト内に例題のヒント、解答が複数示されているため、学生がそれらをすぐに確認してしまい、じっくりと思考する際の妨げとなることがあります。その対策として、教員が別の類題の提示を行い学生がより新鮮な気持ちで問題に取り組めるように工夫していました。そして、このように学生に課す作業を多くする限り、それを見る目が必要となります。負担は決して

小さくないですが、教員が毎回学生の解答にしっかりと目を通し、文章での
やりとりを行うことで、学生が授業に熱心に取り組んでくれるようになります。

　最後にこのテキストを利用する利点について、授業を通してわかったこと
を述べていきます。まず、前提となる知識が必要ないことです。学生に知識
をつけさせようとする授業であればそうはいきませんが、このテキストで養
うものは論理的思考です。学生にとにかく自分たちで考えることを要求しま
す。今ある知識をベースに何が出来るのか、学生が個人個人でしっかりと考
察を行い、よりよい意見の在り方を問うようになります。そのために、学生
が自分たちで調べるという行為を行うようになります。二つ目は、自らの意
見を述べる際に必要となる「話題」「主張」「理由」「説明」の 4 要素をしっ
かりととらえることができる点です。学生はこのテキストの例題、練習問題
を何度も何度も経験していく中で、自然とどうすればよい意見につながるの
かを学びます。教員が、この 4 要素を必ず入れるように、などと指示するこ
ともなく、学生の書きあげる意見文にこの 4 要素が含まれていきます。三つ
目に、解説が充実している点です。このテキスト内では一つ一つの単元に細
かな説明が行われています。たとえ、授業時に扱えなかったとしても、範囲
を指定すれば学生が自らで学習することが可能です。また欠席した学生がい
ても、自学学習により授業についていけなくなるということがありません。

　今回、本学ではこのテキストを 15 回の授業で扱いましたが、すべての項
目に触れることはできませんでした。ただ半期でなく、通年で扱うことも十
分可能なほどに内容が充実しています。各学校の状況に応じて、様々な対応
が可能なテキストだと思います。授業を通して、学生だけでなく教員もじっ
くりとこのテキストに関わっていくことで、学生のよりよい意見の構築が期
待できます。

参考文献

中部大学日本語スキル研究会編(2018)『新版　日本語スキル 2018』学術図書出版社

参考資料　小テスト学習用教材

小テスト（ A ）範囲　語の読み　　（ B ）範囲　語の意味

（１週目は読みを　２週目は意味を問う）

（ A ）範囲　語の読み

- 恣意的な決定。　しいてき
- 破綻をきたす。　はたん
- 曖昧な態度。　あいまい
- 心の葛藤。　かっとう
- 旗が翻る。　ひるがえ
- 責任を免れる。　まぬか(まぬが)
- 稀有な存在だ。　けう
- 口を覆う。　おお
- 歴史を遡る。　さかのぼ
- 素人離れの出来。　しろうと
- 強い精神を培う。　つちか
- 純真無垢。　むく
- ほっと安堵する。　あんど
- 誤謬を指摘する。　ごびゅう
- 終焉の地。　しゅうえん
- 呪縛を解く。　じゅばく
- 任務の遂行。　すいこう
- 世間の趨勢。　すうせい
- 同じ範疇に入る。　はんちゅう
- 川が氾濫する。　はんらん
- 風情がある。　ふぜい
- 不安を払拭する。　ふっしょく
- 人の人たる所以。　ゆえん
- 進歩が著しい。　いちじる
- 危機に陥る。　おちい
- 平和を脅かす。　おびや
- 傲慢な態度。　ごうまん
- 示唆に富む意見。　しさ
- 熾烈な競争。　しれつ
- 夢を育む。　はぐく
- 任地に赴く。　おもむ
- 絆を断つ。　きずな
- 語彙が貧弱だ。　ごい

（ B ）範囲　語の意味

- 脆弱な体質。　ぜいじゃく
- 糸を紡ぐ。　つむ
- 家を普請する。　ふしん
- 厄介をかける。　やっかい
- 敵を揶揄する。　やゆ
- 形が歪む。　ゆが
- 敵軍を駆逐する。　くちく
- 敬虔な祈り。　けいけん
- 話を捏造する。　ねつぞう
- 教えを反芻する。　はんすう
- 頻繁に起こる。　ひんぱん
- 世間に流布する。　るふ
- 煩わしい手続き。　わずら
- 世情に疎い。　うと
- 会釈を交わす。　えしゃく
- 理に適う。　かな
- 自己嫌悪。　けんお
- 真意を忖度する。　そんたく
- 就職を斡旋する。　あっせん
- とんでもない代物。　しろもの
- 願いが成就する。　じょうじゅ
- 仏塔を建立する。　こんりゅう
- 技術を会得する。　えとく
- 筋肉が弛緩する。　しかん
- 主役を抜擢する。　ばってき
- 解熱作用のある薬。　げねつ
- 仏道に帰依する。　きえ
- 体裁を気にする。　ていさい
- 生粋の江戸っ子。　きっすい
- 和洋折衷の建物。　せっちゅう
- 代金を為替で払う。　かわせ
- 職務を履行する。　りこう
- 手柄を吹聴する。　ふいちょう

小テスト（　J　）範囲

会社説明会に関する問い合わせメール
〈例文〉

件名　会社説明会日程のお問い合わせ
○○○○株式会社
人事部ご担当者様

貴社ますますご清栄のこととお喜び申し上げます。

先日は会社案内などの資料をご送付いただきまして、
誠にありがとうございました。さっそく拝読し、
御社への関心がさらに高まって、入社できたらとい
う思いを一層強くいたしました。
来月中旬に予定されている会社説明会には、ぜひとも
参加させていただきたいと思っております。

つきましては、説明会の開催日時について、お教え
いただきたくお願い申し上げる次第です。来週早々にも
こちらからお電話にてお問い合わせいたしたいと存じます。
また、まだ開催日時がお決まりでないようでしたら、
いつ頃、どのようなかたちで告知されるのかをお教え
いただければ幸いです。

以上　どうかよろしくお願いいたします。

中部大学　経営情報学部経営総合学科
山下太郎（ヤマシタ　タロウ）
〒
愛知県春日井市…
電話
メール

参考資料　実際の小テスト

小テスト A　語の読み

学籍番号 [　　　　　]　氏名 [　　　　　]

得点　／10

1　次の①〜⑤の傍線部の読みとして最も適切なものを、以下の選択肢からそれぞれ選びなさい。

① 純真無垢
　　ア むこう　イ むせき　ウ むく　エ むじ　オ むかい

② 代金を為替で払う
　　ア ためかえ　イ ためがえ　ウ かわせ　エ かがえ　オ てがた

③ 脆弱な体質
　　ア せきじゃく　イ ひんじゃく　ウ きょじゃく
　　エ きにじゃく　オ けつじゃく

④ 真意を忖度する
　　ア たんたく　イ しんたく　ウ せんたく
　　エ じったく　オ そんたく

⑤ 体裁を気にする
　　ア たいさい　イ だいさい　ウ ていさい　エ たいせい　オ ていさいう

①（　　　　　）　②（　　　　　）　③（　　　　　）
④（　　　　　）　⑤（　　　　　）

2　次の①〜⑤の傍線部の漢字について、それぞれ仮名に直しなさい。

① 稀有な存在だ。　② 強い精神を培う。　③ 世間の趨勢。
④ 示唆に富む意見。　⑤ 家を普請する。

①（　　　　　）　②（　　　　　）　③（　　　　　）
④（　　　　　）　⑤（　　　　　）

小テスト J　　メールの書き方

学籍番号 [　　　　　]　　氏名 [　　　　　]

得点	
	／ 10

次のメール文を読み、後の問に答えなさい

件名　会社説明会日程のお問い合わせ
○○○○株式会社
人事部ご担当者様

　[a] ますます [b] のこととお喜び申し上げます。
先日は会社案内などの資料を [c] いただきまして、誠にありがとう
ございました。さっそく [d]、[e] への関心がさらに高まって、
入社できたらという思いを一層強くいたしました。
来月中旬に予定されている会社説明会には、[f] 参加させていた
だきたいと思っております。

　[g]、説明会の開催日時について、お教えいただきたくお願い申し
上げる [h] です。来週早々にもこちらからお電話にてお問い合わせ
いたしたいと [i]。また、まだ開催日時がお決まりでないようでしたら、
いつ頃、どのようなかたちで告知されるのかをお教えいただければ [j]。

以上　どうかよろしくお願いいたします。

中部大学　経営情報学部経営総合学科
山下太郎（ヤマシタ　タロウ）
　以下　郵便番号・住所・電話番号・メールアドレス

問　空所 a～j に入れるのに最も適した語句を後から選び、番号で答えなさい《各 1 点》

a （　　　）　b （　　　）　c （　　　）　d （　　　）　e （　　　）

f （　　　）　g （　　　）　h （　　　）　i （　　　）　j （　　　）

①ご繁栄　　②弊社　　③当社　　④貴社　　⑤御社　　⑥ところで　　⑦どうにか
⑧存じます　　⑨つもり　　⑩嬉しいです　　⑪つきましては　　⑫ご清栄　　⑬幸いです
⑭存じ上げます　　⑮ぜひとも　　⑯次第　　⑰拝読し　　⑱ご送付　　⑲拝受し　　⑳ご査収

注

1　　本章で使う学生の解答については、本人が特定されない状況での使用許可を得
　　ています。受講学生に感謝申し上げます。

索　引

執筆者一覧

序　章　佐光美穂(さこう　みほ)　　　　名古屋大学教育学部附属中学校・高
　　　　　　　　　　　　　　　　　　等学校　国語科教諭

第1章　瀬古淳祐(せこ　じゅんすけ)　　同上
　　　　杉本雅子(すぎもと　まさこ)　　同上
　　　　加藤直志(かとう　ただし)　　　同上

第2章　加藤直志
　　　　棚橋美加子(たなはし　みかこ)　同上
　　　　佐光美穂
　　　　今村敦司(いまむら　あつし)　　同上

第3章　千葉軒士(ちば　たかし)　　　　中部大学現代教育学部

「書くこと」の授業をつくる

―中・高・大で教える『はじめよう、ロジカル・ライティング』

Create Writing Lessons for Secondary Schools and Post-secondary Institutions:
With "The Gateway to Logical Writing"
Nagoya University School of Education Affiliated Upper and Lower Secondary School, Department of Japanese
and Chiba Takashi

発行	2021 年 4 月 20 日　初版 1 刷
定価	2400 円＋税
著者	© 名古屋大学教育学部附属中学校・高等学校国語科＋千葉軒士
発行者	松本功
装丁者	上田真未
印刷・製本所	株式会社 シナノ
発行所	株式会社 ひつじ書房
	〒 112-0011 東京都文京区千石 2-1-2　大和ビル 2 階
	Tel.03-5319-4916　Fax.03-5319-4917
	郵便振替 00120-8-142852
	toiawase@hituzi.co.jp　https://www.hituzi.co.jp/

ISBN978-4-8234-1041-3

[刊行書籍のご案内]

はじめよう、ロジカル・ライティング

名古屋大学教育学部附属中学校・高等学校国語科著　執筆協力・戸田山和久

定価 1,600 円＋税

「PISA 型読解力」向上を目指し、『論文の教室』の戸田山和久名古屋大学教授と意見交換しながら作った日本語表現の教科書。「論理的」とはどういうことかに始まり、他者の意見やデータを分析し、自己の主張や提案につなげるまでを一冊で身につける。中学生から社会人までを対象とし、自分の言いたいことを伝えるだけではなく、他者の意見と建設的に関わりながら問題解決に当たる、これからの市民社会の担い手に必要な資質を育てる。

これから研究を書くひとのためのガイドブック［第 2 版］
—ライティングの挑戦 15 週間

佐渡島紗織・吉野亜矢子著　　定価 2,000 円＋税

ライティングが専門でない、高校、大学、大学院の教員が使える、「書き方」と「研究方法」の指導テキスト。2008 年に刊行した初版を改訂、時代に合った論文執筆へといざなう。学生の自習用としても充実。主に人文社会科学系の領域向き。〔文章編〕では「思考を整理して、分かりやすく、科学的に」伝えるための技能を学ぶ。〔論文編〕では文献研究、実証研究の一連の流れを追って、テーマの設定から論文の評価まで段取りを解説。授業で使える練習問題やアクティビティーが豊富。情報満載のダウンロードデータも用意している。

[刊行書籍のご案内]

中高生のための本の読み方—読書案内・ブックトーク・PISA 型読解

大橋崇行著　　定価 1,800 円＋税

中学生、高校生に向けて、本の読みどころや、読むときに有効となる視点などをブックトークの形式で紹介し、読書案内としても使うことができる。また、後半部では、さまざまな読書会の進め方や、国語の新学習指導要領とも深く関わる OECD の PISA 型読解力を身につけていく上で、読書をどのように活用していけば良いのかについて解説している。

「問う力」を育てる理論と実践—問い・質問・発問の活用の仕方を探る

小山義徳・道田泰司編　　定価 2,800 円＋税

学習指導要領の改訂により、「自ら問いを立て、自律的に考えることのできる人材の育成」が求められている。本書は、学習者の「問い」や、教師の「発問」を基に展開する実践の紹介と背景理論の解説を行い、教育現場で教える教員の方はもちろん、学習者の「問い」や「質問」の研究に携わる大学院生や研究者も深く学べる内容となっている。

ライティングの高大接続─高校・大学で「書くこと」を教える人たちへ

渡辺哲司・島田康行著　　定価 2,000 円＋税

一人の学生にとって一連・一体のものであるべきライティング教育が、高校と大学の双方で、独立的かつ自己
完結的に、断絶や重複を露呈しつつ行われている。そこで本書では、高・大の間でつながりの悪いところはど
こか、なぜそうなっているのか、どうつなげばよいかを、教師の視点から考えてみる。高卒者の半数以上が大
学生となる現代日本のライティング教育の内容を、高校から大学へと続く一体のものとして、単なるハウツー
を超えて論じる空前の試み。

あらためて、ライティングの高大接続─多様化する新入生、応じる大学教師

春日美穂・近藤裕子・坂尻彰宏・島田康行・根来麻子・堀一成・由井恭子・渡辺哲司著
定価 2,200 円＋税

もとより高校と大学の間で構造的に切れてしまっているライティング教育をどうつなぐか──を考える『ライ
ティングの高大接続』の続編。今回はもっぱら大学教師の実践的研究にフォーカスし、理念と実践のベスト・
バランスを目指す。「書くこと」の経験も能力もますます多様な新入生たちを迎えてなすべきは、結局「学習
者のことを知って、教える」ことである。